ALEXANDRO GRUBER

cartas de
despedida
para

os
meus
ex-amores

academia

Copyright © Alexandro Gruber, 2024
Copyright © Editora Planeta do Brasil, 2024
Todos os direitos reservados.

Preparação: Wélida Muniz
Revisão: Tamiris Sene e Bárbara Parente
Projeto gráfico e diagramação: Renata Zucchini
Ilustrações de capa e miolo: Elivelton Reichert
Capa: Isabella Teixeira

Dados Internacionais de Catalogação na Publicação (CIP)
Angélica Ilacqua CRB-8/7057

Gruber, Alexandro
  Cartas de despedida para os meus ex-amores / Alexandro Gruber. - São Paulo : Planeta do Brasil, 2024.
  176 p. : il.

ISBN 978-85-422-2797-0

1. Amor – Despedidas 2. Superação I. Título

24-3295   CDD 128.46

Índice para catálogo sistemático:
1. Amor

Ao escolher este livro, você está apoiando o manejo responsável das florestas do mundo

2024
Todos os direitos desta edição reservados à
Editora Planeta do Brasil Ltda.
Rua Bela Cintra, 986, 4º andar – Consolação
São Paulo – SP – 01415-002
www.planetadelivros.com.br
faleconosco@editoraplaneta.com.br

Para minhas queridas amigas,
Luci Wrubleski, a primeira a saber,
chorar e acreditar neste livro antes mesmo
que ele se fizesse em palavras,
Francisca Loana de Lima, cujas histórias
compartilhadas guardamos sempre no coração, e
Eliza Doline, cuja amizade transcende distâncias.
Vocês me mostram a cada dia que a amizade é
uma das formas mais bonitas de que o amor
se veste para curar nossas vidas.

"[...] o amor é sempre complicado. Mas, mesmo assim,
os seres humanos precisam tentar se amar, querida.
A gente precisa ter o coração partido algumas vezes.
Isso é um bom sinal, ter o coração partido.
Quer dizer que a gente tentou alguma coisa."

Elizabeth Gilbert, *Comer, rezar, amar*

"Não se ofenda
Com meus amores de antes
Todos tornaram-se ponte
Pra que eu chegasse a você."

Jorge Vercillo, "Monalisa"

Todo mundo tem um amor para o qual dizer adeus.

Um amor que foi marcante, um amor que foi difícil, um amor que foi breve, um amor sem explicação, um amor que marcou a vida ou um amor que nasceu no encontro de dois olhares que se cruzaram em um dia qualquer. Os romances nos ensinam como deveria ser o amor, mas poucas histórias nos preparam para as despedidas. Quando o "felizes" não é para sempre, mas por um tempo, como se despedir desse amor que não ficou?

Curiosamente, é quando a gente aprende a se despedir, que melhor aprende a amar. Porque o amor nem sempre tem a ver com estar com a pessoa amada, mas com aprender a colher o que de melhor esse amor nos deixou.

SUMÁRIO

11 Introdução: a sua necessidade de dizer adeus
15 Aos meus ex-amores...
18 Aos amores que levaram um pouco de mim
23 Aos amores que ainda deixam saudade
30 Aos amores que eu achei que ficariam
37 Aos amores que foram breves
41 Aos amores que eu não enxergava que me feriam
47 Aos amores que eu não soube amar direito
53 Aos amores pelos quais não vou mais chorar
58 Aos amores que não eram para ser
62 Aos amores confusos demais para amar
67 Ao amor que nunca se fazia presente
70 Aos amores que eu nunca disse que amei
76 Aos amores que se foram sem dizer adeus
82 Aos amores que permaneceram um eterno "e se?"
86 Aos amores que tive que deixar ir
92 Aos amores que sempre foram impossíveis
97 Aos amores dos quais eu acreditava depender para ser feliz

- **103** Aos amores por meio dos quais encontrei uma nova forma de amar
- **107** Aos amores que encontraram outro alguém para amar
- **116** Aos amores que não tiveram coragem para amar
- **120** Aos amores nos quais insisti demais
- **128** Aos belos amores que terminaram
- **134** Aos amores que eu pensei amar
- **140** Aos amores que traíram a minha confiança
- **146** Aos amores que sonhei um dia viver
- **151** Aos amores que surgiram em uma troca de olhares em um dia qualquer
- **154** Aos amores que foram lições
- **160** Ao amor a que eu nunca deveria ter dito adeus
- **167** Palavras finais: ao seu direito de amar de novo
- **173** Músicas e obras citadas no livro
- **174** Agradecimentos

INTRODUÇÃO:
A SUA NECESSIDADE DE DIZER ADEUS

Para vivermos novas (e sadias) relações, precisamos aprender a nos despedir das antigas. Despedir-se não é o mesmo que esquecer. É entender. Entender o que elas representaram para nós, o que deixaram, e, o mais importante: não dar mais ao passado o poder de comandar a nossa vida. É nos resolver internamente com todos os amores que nos afetaram o coração.

Todo mundo já amou.
Todo mundo já perdeu.
Somos a soma dos recortes de todos os nossos amores. Os vividos e os sonhados. Os que permanecem e os que já se foram. E também daqueles que ainda estão vivos dentro de nós.

O luto e o amor constantemente caminham de mãos dadas. Na mesma medida que vivemos encontros marcantes, passamos por despedidas difíceis. Quem deseja amar precisa aprender a dizer adeus, porque são muitos os amores que podem passar por nossa vida e poucos os que permanecem. Quantos são os amores que se foram sem que tivéssemos a oportunidade de nos despedir? Quantos amores ainda permanecem vivos de alguma forma em nosso coração?

O amor, às vezes, vai ser uma memória, porém jamais deve ser um fantasma. O amor deve nos inspirar a sermos melhores, jamais assombrar a nossa vida trazendo as dores do que não se viveu (ou daquilo que foi difícil de viver).

O tempo físico e o tempo emocional são duas experiências distintas. Nem sempre quando alguém sai da nossa vida sai também do nosso coração. Terminar uma relação externamente pode acontecer em segundos; finalizar um sentimento pode levar anos, ainda mais se não nos dedicarmos a ressignificar aquilo que sentimos.

Não é simples digerir uma experiência, entender nossos sentimentos, extrair aprendizados e seguir em frente. Na maioria das vezes, seguimos adiante com nossos processos internos pela metade. Arrastamos os destroços do que vivemos, carregamos nossas feridas e engatamos novas relações levando na bagagem os aspectos mal resolvidos das anteriores. E não é incomum que venhamos a sangrar nos novos relacionamentos pelas dores de relações passadas.

São muitos os amores que conhecemos, e cada um nos deixa uma mensagem. Pois ninguém ama só uma vez, assim como ninguém ama do mesmo jeito. Cada amor é particular, é uma experiência única. Talvez você leia essas cartas e não ache que todas falem de amor. Talvez entenda que falem de paixão, de carência, de desejo, de atração ou do medo da solidão. E está tudo bem. Você pode lhes dar o nome que achar melhor. Porque, no fundo, elas falam de relações que nos deixaram marcas, de pessoas que nos afetaram de algum modo, que mexeram com o nosso coração e que talvez ainda mexam de alguma forma. Coloquei sob nome de amor (ou de ex-amor) todas as experiências passadas que carregamos em nós e às quais, um dia, demos esse nome, ou mesmo às que não tenhamos dado, mas que ainda precisam ser compreendidas e superadas dentro de nós.

Acredito que para vivermos novas (e sadias) relações, precisamos aprender a nos despedir das antigas. Despedir-se não é o mesmo que esquecer. É entender. Entender o que elas representaram para nós, o que deixaram, e, o mais importante: não dar mais ao passado o poder de comandar a nossa vida. É nos resolver internamente com todos os amores que nos afetaram o coração.

O verdadeiro adeus jamais será sobre não lembrar. Será sempre sobre lembrar *sem sofrer*.

Cartas de despedida para os meus ex-amores é um livro para todos aqueles que já tiveram que se despedir de um amor, que viveram experiências difíceis de entender, que procuram por palavras para expressar aquilo que o coração um dia sentiu. É um livro que fala de superação, de reconciliação com experiências antigas e com a capacidade de dar e receber amor.

Creio que todos vão encontrar nestas cartas ao menos um, ou mais, dos seus próprios amores vividos. Elas representam experiências pessoais e coletivas. Pois somos muito semelhantes em nosso modo de amar e nas histórias que vivemos. No amor e na dor, todos se assemelham.

Escrever cartas foi uma maneira que encontrei para lidar de modo sadio com meus próprios sentimentos. De compreender a minha afetividade e aquilo que vivi. Escrevia sempre que sentia que precisava expressar coisas que não podia ou não havia como verbalizar. Essas cartas nunca foram escritas com a intenção de serem enviadas, e sim apenas para compreender melhor o meu mundo interior e me despedir de sentimentos e pessoas que não fazia mais sentido ainda fazerem morada dentro de mim.

Espero que você se encontre nestas cartas, que elas o ajudem a traduzir suas emoções e a se despedir de pessoas para as quais você nunca disse adeus (ou que nunca teve a coragem para fazê-lo). Que elas lhe inspirem a escrever também. Não para que as envie, mas para que processe melhor seus sentimentos e possa fazer da sua escrita um processo terapêutico que ajudará a curar o seu coração e, principalmente, para te lembrar que a sua capacidade de amar é infinita e que é possível se despedir de pessoas, mas do amor? Jamais!

AOS MEUS EX-AMORES...

Queridos ex-amores.
Ex-paixões.
Ex-encontros.
Ex-desencontros.
A todos os amores que não ficaram. Que permaneceram em mim com consentimento ou sem permissão. De maneira clara ou inconsciente. Que me machucaram ou me ensinaram. Aos que lembro com carinho e gratidão e aos que ainda preciso superar. Aos que amei ou que inventei. Aos que caminharam comigo ou duraram pelos segundos que nossos olhares se cruzaram.

A vocês, escrevo estas cartas de despedida.

Deixo esse adeus não para que eu os esqueça, não trabalho na utopia dos esquecimentos. Aqui, busco apenas dar novos significados ao que senti por vocês e, principalmente, às marcas que vocês deixaram. Quero me despedir da dor e das amarguras. E dar nova cor e sabor a esses sentimentos antigos.

Quero lhes deixar ir com os ventos que sopram as despedidas.

Quero ficar aqui, observando o navio dos finais dar sua partida no oceano da vida, vendo esses sentimentos sumirem no horizonte.

Quero que estas palavras encontrem como destinatário não vocês, mas o meu coração, e que elas levem a cura de que ele necessita.

Não são apenas cartas de despedida; são o suspiro que alivia o meu coração. O choro que permite a saída de tudo que estava represado dentro de mim e que precisava partir. São a reconciliação com as experiências antigas, as memórias do tempo e a abertura para o recomeço de que meu coração precisa e merece.

Não me despeço apenas dos velhos amores; me despeço de todas as dores que não quero mais levar comigo.

P.S.: Ao amor, dedico sempre todas as cartas de gratidão. Ele sabe meu endereço para responder de volta.

AOS AMORES QUE LEVARAM UM POUCO DE MIM

Quando uma pessoa passa pela minha vida, ela me devasta ou me desperta? Não é o modo como as pessoas me tratam ou o que me deixam que determina a minha vida, mas, sim, como escolho reagir diante de tudo isso. Por muito tempo, o que vivi com você doeu, até que eu percebi que, na realidade, você não me machucou, você me despertou.

Será verdade que todo mundo que passa por nossa vida deixa um pouco de si e leva um pouco de nós? Há momentos em que me pego procurando partes de mim. Fragmentos de quem eu era e que hoje não encontro mais. Partes perdidas de uma pessoa que acreditava no amor. Lembro da pessoa que eu era antes de você. Antes de descobrir que a pessoa que amamos também pode nos machucar.

Lembro da ingenuidade doce que habitava o meu olhar. Da alegria que coçava o meu peito sempre que te via ou lembrava do seu sorriso. Me lembro dessas partes e sinto falta delas. Sinto falta da pessoa que eu costumava ser.

Você levou um pouco de mim: um pouco do meu sorriso, um pouco da minha segurança, um pouco da crença que eu tinha no amor. Você levou até mesmo um pouco do amor que eu sentia por mim. Da autoestima que eu tinha construído até então. Você levou consigo partes preciosas que me faziam ser quem eu era. Como uma onda que arrastou sentimentos e esperanças.

Em muitos momentos, eu queria poder voltar no tempo. Queria ter atravessado a rua antes que você passasse por mim e nossos olhares se cruzassem. Ter criado uma desculpa em vez de ter aceitado te conhecer. Para ter te dito não antes que meu coração dissesse "sim". Eu queria voltar no tempo. Ao menos para agarrar aquelas partes boas em mim antes que você as levasse. Para dizer a mim mesmo que as pessoas são passageiras e que nunca devemos entregar demais para alguém que talvez não escolha ficar. Eu queria voltar e continuar sendo quem eu era antes de você.

A verdade é que a gente não pode voltar no tempo nem continuar sendo a mesma pessoa quando alguém passa por nossa vida. É inevitável mudar. Todo encontro é uma explosão cujo impacto vai transformar os indivíduos para sempre. Todo envolvimento é um grande processo de alquimia interna no qual misturamos quem somos com quem o outro é. No qual a experiência vai gerar uma transformação irremediável de quem éramos até então e terá a força para estimular as nossas mais profundas virtudes ou para despertar as mais temidas sombras que habitavam em nós, dependendo da qualidade desse encontro. Mas ele nunca nos deixará da mesma forma como nos encontrou.

Quando alguém se vai, é comum deixar feridas. É comum passar por nós como um tsunâmi emocional e deixar a bagunça para a gente arrumar. É natural desejar ter podido evitar tudo isso, ter sabido com antecedência do tamanho dessa devastação, da natureza desse impacto para, quem sabe, ser evitado antes que acontecesse. Porque dói perceber que algumas pessoas chegam e levam um pouco de nós. E a saudade de quem a gente era antes pode ser muito maior do que a saudade dessa pessoa que se foi.

É comum a gente olhar para o passado, para antes de algumas pessoas, antes de algumas relações, antes de alguns amores, e perceber que éramos uma pessoa diferente. Olhar fotos antigas e se perguntar onde aquela pessoa está? Em que momento ela se perdeu?

Pessoas nos transformam; foi isso que aprendi.

Você me transformou. Levou partes minhas que eu nunca quis perder. Por um longo tempo, refleti: *como alguém pode nos impactar tanto? Levar consigo a nossa coragem, a nossa capacidade de amar, a alegria que tínhamos de viver?* Só que, um dia, li algo que mudou a maneira como eu via as coisas. Jean-Paul Sartre, famoso filósofo francês existencialista, disse uma vez: "Não somos o que fizeram de nós, somos o que fazemos com o que fizeram de nós".

Foi então que percebi que a cada vez que te culpava ou te dava poder sobre minha vida, o poder de decidir como eu me sentia, o poder de determinar meu destino, o poder de moldar meu futuro, quanto mais eu te culpava, mais eu me colocava como vítima e mais impotente me tornava.

Veja bem, a maneira como você tratou o meu coração não foi legal, mas a maneira como eu passei a me tratar depois disso foi muito pior. Eu abri mão do controle da minha própria existência para poder culpar você. E em nome dessa mágoa eu me autocondenei a uma infelicidade que eu não precisava viver. Você não levou partes minhas. Eu que as abandonei e perdi pelo caminho. Eu que deixei de lutar por elas. Eu que não soube extrair o melhor do pior que você me deu.

Nunca pude mudar o que aconteceu entre nós, assim como não posso voltar e ser a mesma pessoa que eu era. Nem devo. Devo ser alguém melhor.

A grande pergunta que passei a fazer a mim mesmo foi: quando uma pessoa passa pela minha vida, ela me devasta ou me desperta? Não é o modo como as pessoas me tratam ou o que me deixam que determina a minha vida, mas, sim, como escolhemos reagir diante de tudo isso. Por muito tempo, o que vivi com você doeu, até que eu percebi que, na realidade, você não me machucou, você me despertou. Você não levou partes minhas, você descobriu aspectos meus que estavam enterrados, pedaços meus que precisavam de cura, pontos no meu interior que precisam ser fortalecidos, e, acima de tudo, dons que precisavam ser utilizados.

Eu percebi que entre os escombros da dor havia lições, e que, se eu fosse capaz de me utilizar delas para o meu bem, a minha vida daria um salto, e eu me transformaria para o melhor. Compreendi que eu não precisava deixar ir com você os bons aspectos que já existiam em mim. Que eu não precisava deixar de acreditar no amor porque você não ficou, que eu não precisava me desvalorizar apenas porque você não me quis. Que eu não precisava deixar ir com você o meu melhor.

Decidi que era hora de resgatar tudo de mim que eu havia deixado ir com você.

Resgatar a minha alegria de viver. Resgatar o sorriso que coloria minha face. Trazer de novo a esperança que me dava forças para continuar. Voltar a me concentrar em mim e em meus sonhos, e ter mais uma vez a coragem de amar. Porque você jamais pôde levar consigo a minha capacidade de dar amor.

Com você, compartilhei um período. Não a vida. E não permitirei mais que leve o meu futuro. Que leve quem eu sou. Que roube o melhor de mim!

Eu, hoje, resgato as melhores partes de quem já fui. Porém, não quero mais ser quem eu era. Quero ser melhor. Mais forte e mais autêntico. Quero reviver os pontos positivos que deixei no passado e somá-los com os aprendizados que conquistei. E, assim, nunca mais permitir que qualquer pessoa que passe por minha vida me roube de mim. Ninguém é de ninguém, mas eu me pertenço.

Eu deixo você ir, só que a minha alegria e o meu direito de ser feliz no amor, estes ficam comigo, para nunca mais partir.

<u>Podemos dizer adeus às pessoas. Ao nosso direito de ser feliz, jamais!</u>

AOS AMORES QUE AINDA
DEIXAM SAUDADE

[...] saudade não é querer de volta. Saudade é lembrar com gratidão daquilo que foi vivido e, acima de tudo, estar em paz com o que se viveu.

É natural sentir saudade.

Somos seres faltantes. Sentimos o vazio daquilo que nos falta, principalmente o vazio deixado por aquilo que um dia tivemos. Um vazio que nunca mais poderá ser preenchido, porque a parte que o preenche tem uma medida certa e exclusiva. Uma dimensão exata e irrepetível de uma experiência passada e de uma emoção única que nenhuma outra poderá ocupar.

Mas quem disse que todas as faltas são ruins? Sentir o pesar de algumas ausências nos faz perceber o valor que essas presenças tiveram em nossa vida. É um vazio no presente que na verdade remete a um passado cheio, que por algum tempo nos preencheu de sentido e significado. E recordar isso é, de certa forma, viver tudo novamente. A saudade é sempre um passaporte para o passado.

A saudade tem, sim, seu charme, sua beleza e sua importância. Uma vida feita de poucas saudades talvez seja uma vida feita de poucos momentos especiais. Uma saudade bem sentida de vez em quando nos faz lembrar de quantos momentos e de quantas pessoas já deram mais significado à nossa vida.

A saudade da infância, a saudade da casa da avó, a saudade daquele cheirinho de comida inigualável, a saudade de um dia especial, a saudade de um amor que foi único.

A saudade em nada desvalida o presente. Sentir a falta de algumas coisas que se foram é também honrar nossa história e sentir orgulho dela. O que não pode é se prender à saudade e querer trocar o presente pelo passado. É preciso saber o lugar de cada coisa. O espaço que cada época ocupa em nossa vida e sua importância na nossa caminhada. Quem confunde o lugar, ou o tempo, de cada coisa facilmente se perde no caminho.

Passado é passado. Presente é presente. Futuro é futuro. Pode parecer óbvio. Mas todas essas medidas temporais também são estados mentais, facilmente confundidos. Quantas vezes não estamos fisicamente no presente e mentalmente transitando entre o passado e as fantasias do futuro? Revisitar o passado é bom. Apegar-se ao passado é estacionar a própria vida.

É preciso ter a consciência de visitar as saudades dos amores passados, mas sem deixar de amar e permitir ser amado no hoje. O amor não pode ser só feito de nostalgias, ele tem que ser presença viva e ativa. Amores do passado nos deixam marcas profundas. A saudade é a marca boa do que se viveu. Ela é mais do que memória, é o registro de sensação de que algo um dia foi bom. É como se o nosso coração fosse um grande colecionador de lembranças e na caixinha da nossa alma ele guardasse os sentimentos, como fotografias antigas que o amor tirou. Reservar momentos para rever esses registros internos é sempre revisitar a saudade.

Porém, a saudade não é só a recordação do que foi bom. Ela também é um lembrete. Um aviso daquilo que pode ser. É certo que o que foi não pode se repetir da mesma maneira. Mas a saudade é um lembrete da nossa capacidade de sentir. De viver. De amar. De ser amado. É a lembrança de que a vida tem seus momentos bons, mesmo com seus desafios, e que esses momentos bons podem aparecer em nosso caminho de maneiras belas e inesperadas, na singularidade de cada instante.

É bem verdade que todo amor antigo deixa uma marca de saudade impressa na alma, na lembrança de cada fato vivido. E a gente tropeça nessas saudades, muitas vezes sem querer. Na foto antiga que ficou, no filme assistido junto, nos lugares preferidos que eram frequentados a dois, na cama agora vazia, nos risos que se perderam pelo ar, mas que ainda ecoam na alma. É natural nesse momento mergulharmos no passado. Como se estivéssemos sendo tragados por um túnel. É natural lembrar. Pois os velhos amores não são esquecidos, são ressignificados. Eles ainda fazem parte de nós. A questão não é esquecer. A questão é não permitir que eles nos impeçam de amar de novo. É lembrar, e até se permitir, a visita da saudade, porém lembrar sem sofrer.

A saudade não foi feita para ser agarrada. Foi feita para ser sentida e liberada. Diante de sua chegada, sirva-se de um chá ou um café. Pois ela chega de maneira inesperada, numa música tocada ao acaso que te leva a outros tempos, num aroma deixado no ar que te lembra algo ou alguém. Em um objeto cheio de história, que seu coração conhece tão bem, no qual você esbarra sem perceber. Ao receber essa visita, permita que ela se acomode dentro de você, que te conte antigas histórias e te faça sorrir ao voltar àqueles momentos que você guarda com carinho. Deixe que ela o embale com as canções de outras épocas que remetem aos velhos amores. Depois se despeça, como quem deixa ir uma velha amiga, que você sabe que algum dia, em algum momento, o visitará de novo.

É necessário acolher a saudade como parte de quem somos. Somos seres feitos de saudades e recordações. E essa saudade pode ser delicada e confortável se acolhida com gentileza. Ela só machuca quando lutamos contra ela. Quando confundimos o acolhimento do sentir com a insistência do querer reviver. Quando nos martirizamos pelo que se foi, quando não aceitamos os finais, quando queremos trocar a saudade pela presença.

Claro que uma vontade de voltar ao que foi bom é natural. Claro que o escorrer de algumas lágrimas faz parte da saudade. Dizem que, quando a saudade é imensa, ela pode transbordar pelos olhos. E é bom deixar ir. Só não é bom menosprezar a alegria que se tem pela vida que se viveu. A vida que foi vivida, os amores que foram sentidos... As experiências que tivemos nos abriram as portas para a vida que temos. E se soubermos valorizar o agora, estaremos também construindo saudades futuras desses bons momentos que vivemos. Desde que eles não sejam deixados passar sem serem sentidos. Afinal, experiências boas no presente, quando ignoradas, não viram saudades, viram remorso.

É muito fácil confundir as duas coisas. Mas o remorso oprime, castiga, julga e faz doer pelo que não foi vivido. Só que ele também tem a sua função. E essa função não é condenar ninguém. E sim viver o presente de modo que ele não seja em vão. De modo que ele não seja desvalorizado. De modo que ele não seja só uma coleção de pesares e arrependimentos. Quando o remorso surge, é um sinal do nosso sistema emocional de que não estamos fazendo a leitura e a interpretação correta das nossas vivências passadas. Essa dor do remorso nos pede mais compaixão com as nossas escolhas do passado e mais consciência com as que fazemos no presente, principalmente com o modo como o estamos vivendo. Ao trocar lamentos por aprendizados, o que era remorso vira saudade e o que era dor se transforma em poesia.

Só que a saudade não pode nos envolver demais a ponto de desfigurar a realidade do que foi vivido. Facilmente uma romantização da saudade pode potencializar as memórias do que foi bom e ofuscar a lembrança de coisas que não foram agradáveis. Pois não é porque algo foi bom que significa que *tudo* foi bom.

Quando um amor acaba e uma relação termina, existem seus motivos. Lembrar de nossas experiências de modo integral nos ajuda a compreender que coisas boas podem ser vividas e que, mesmo assim, muitas delas precisam ser finalizadas. Porque ciclos são feitos de muitas nuances e sentimentos e, por isso, aspectos positivos não devem apagar o impacto de aspectos negativos. Certas partes boas não justificam a permanência em algo que no seu todo não faz bem. É preciso analisar o passado de modo completo, para entender por que não devemos querer retornar para alguns lugares e para algumas pessoas. Afinal, se muitos aspectos do passado deixam saudade, outros não nos fazem a mínima falta.

Só que no geral sempre haverá amores que deixarão saudade.

Sempre haverá amores que deixarão lições.

O importante é entender que aquilo que se foi diz respeito à bagagem que carregamos. Podemos carregar bagagens que pesam e atrasam a caminhada. Ou outras que guardam nelas ferramentas que nos auxiliam no caminho. A saudade pode nos assombrar ou nos fortalecer, dependendo de como lidamos com ela. Na nossa humanidade, ela sempre fará parte da jornada. Aprendi a fazer dela uma amiga, mas não permito que fique mais do que o necessário. São muitos os amores que deixaram saudade, lições, aprendizados, marcas, momentos, histórias que me compõem enquanto ser, que me ajudaram a ser quem sou, que me amadureceram como pessoa, que me permitiram amar, que me mostraram que eu podia ser amado. E, por todos, sou grato. Pois saudade não é querer de volta. Saudade é lembrar com gratidão daquilo que foi vivido e, acima de tudo, estar em paz com o que se viveu.

AOS AMORES QUE EU ACHEI QUE FICARIAM

Tudo bem você não ter ficado! Eu entendo agora que o amor que dá certo não é aquele que mais tempo fica, mas aquele que mais se vive enquanto existe. Nós vivemos esse amor. E agora eu preciso colocar dentro de mim o fim que você já decidiu externamente há muito tempo. O fim que relutei em admitir, porque eu achava que admitir esse final seria o meu fim. Hoje percebo que ele é a minha cura, o meu recomeço.

Sabe...
Eu realmente achei que você fosse ficar.
Engraçado...
Mas eu realmente achei que o nosso amor fosse aquele tipo de amor do "felizes para sempre".
No fundo, eu acreditei que você seria a pessoa certa. A pessoa que nunca iria embora da minha vida.
Mas você foi. E no dia que você se foi levou um pouco do meu amor consigo.
A gente cresce sendo ensinado que existe um amor para ser nosso, um amor para toda vida. Os livros, os

filmes românticos nos vendem a ideia de que todo mundo nasceu predestinado a alguém. Que todo mundo tem uma pessoa, a sua outra parte, a "alma gêmea" que estamos destinados a encontrar, e que depois desse encontro a vida terá um sentido e uma felicidade como nunca teve antes. Depois das primeiras desilusões, a gente fica muito desconfiado dessa narrativa. Passa a acreditar que isso é coisa das histórias de fantasia. Só que, lá no fundo, ainda é isso que a gente quer viver. Seja porque nossas crenças já estão condicionadas a essa visão, seja porque existe algo místico e espiritual que nos guia a esse destino. Ou porque simplesmente queremos ser amados por alguém, sem temer que essa pessoa se vá um dia.

No fundo, a gente quer é alguém para amar. Alguém que realmente fique!

Depois de tantas decepções, a gente cansa dessas idas e vindas. A gente cansa de ter que consertar o coração sempre que alguém se vai. Cansa de ter que colar de novo os cacos desse coração partido para dar mais uma chance para alguém chegar e parti-lo de novo. Não é fácil se abrir para uma pessoa depois de uma desilusão e ter a coragem de amar novamente. Só quem já passou por várias desilusões sabe o quanto é difícil ter forças para acreditar de novo no amor.

Mas eu acreditei em você.

Quando você chegou, uma voz dentro de mim dizia para ter cuidado. Não sei se era intuição, medo ou simplesmente a maturidade que acredito que adquiri. Algo me dizia para ir com calma e avaliar bem os sinais que você me apresentava. Só que tudo que vinha de você servia para desarmar todos os meus medos. Por mais que eu caminhasse com cautela nos terrenos de uma nova paixão, os seus olhos me diziam o quanto você realmente queria ficar.

Encontrei conforto em você, uma segurança que há muito tempo não sentia. A gente não enjoava um do outro. Nossos assuntos, sonhos e sentimentos se completavam. A gente olhava na mesma direção. Você dizia se surpreender que pessoas tivessem tido a coragem de partir meu coração, e eu me surpreendia por alguém nunca ter valorizado você. Acho que éramos dois corações partidos que naquele momento encontravam a cura um no outro.

Ter você comigo parecia coisa do destino.

Parecia ter sido escrito nas estrelas.

E todas as decepções anteriores pareciam justificadas por esses momentos ao seu lado. Você compensava por todos os amores que não ficaram. Não importava mais quantas vezes meu coração havia se machucado, você estava ali para curá-lo, você era a pessoa que eu tanto esperava, você era a promessa da vida de que eu poderia ser feliz no amor. Nossas juras, nossas declarações, nossas cartas e mensagens eram prova viva disso. As músicas que compartilhávamos eram a trilha sonora desse afeto.

De um amor que parecia ter chegado para ficar.

Só que você não ficou...

Quando a gente acha que um amor é o amor que veio para ficar, a gente acha que essa é a pessoa "certa". E o complicado de superar esse tipo de amor é que parece que nenhuma outra pessoa pode chegar perto disso. Diante da "pessoa certa", todos os outros amores parecem errados.

A questão é que a gente monta um cenário, uma fantasia, uma ideia em cima da relação, um sonho de perfeição de que dói muito abrir mão quando ele se acaba. Às vezes, o que dói não é o fato de deixar a pessoa ir, mas de acordar desse sonho, de ver desvanecer todo um projeto já idealizado. Isso dói, frustra, corrói por dentro. Quando um amor assim termina, a gente se sente um grande fracasso. Se esse amor tão pleno e perfeito não deu certo, quais as chances de dar certo com outro alguém?

Achar que alguém "realmente" ia ficar e ver essa pessoa partir é como passar por um terremoto emocional em que tudo desmorona e a gente fica só com os destroços do que sobrou. Não é fácil levantar, sacudir a poeira, jogar fora os entulhos sentimentais e reconstruir as bases do afeto. Porque o que mais se afeta com isso é a autoestima. Uma das estruturas emocionais mais frágeis, principalmente quando relacionamos a ela a presença e o afeto de alguém. Demora para perceber que uma pessoa não define o nosso valor e que não é porque alguém resolveu partir que a gente não seja digno de amor.

Eu tive que aprender isso. Tive que aprender que às vezes a gente se engana. Que a gente pode tomar todo o cuidado possível, mas que o amor é sempre um risco e uma aposta. Você nunca sabe onde ele vai te levar. Eu arrisquei, porém não perdi. Depois de um tempo, entendi que ganhei muita coisa, mesmo você tendo ido embora. Sempre ganhamos com os amores vividos, mesmo com aqueles que se vão. Ganhamos porque somos fiéis a nós mesmos, ganhamos porque temos coragem, ganhamos porque não nos omitimos de viver, ganhamos porque, em algum momento, também fomos amados, e ganhamos porque aprendemos algo com tudo isso.

Eu não me arrependo de ter te amado. Eu não me arrependo de ter tentado.

Sim, eu acreditei que você ficaria.

E, quando você se foi, por muito tempo acreditei que você "voltaria".

Eu te carreguei comigo pelas ruas da cidade, dentro da minha casa, no meu trabalho, nas minhas saídas com amigos, até enquanto estava conhecendo novas pessoas eu ainda te levava em meus pensamentos e minhas emoções. Quando a gente acha que alguém veio para ficar, demora para a gente deixar ir. Deixar ir de dentro de nós.

Todavia, chegou um momento que eu já não podia mais arrastar você. Eu precisava dizer adeus. Me despedir de você e de todos os sonhos e esperanças que criei não foi fácil, foi uma das despedidas mais dolorosas pelas quais já passei. Porque, realmente, eu achei que você ia ficar.

Você foi um dos amores mais bonitos e uma das decepções mais profundas. Só que agora eu quero que seja apenas uma das experiências mais significativas que tive. Quero que você seja um degrau nessa escada afetiva em que estou subindo. Quero honrar sempre a parte da história que vivi com você e entender que alguns amores não são para sempre. Alguns amores não são para ficar. E está tudo bem.

Nem por isso esses amores são menos importantes.

Tudo bem você não ter ficado! Eu entendo agora que o amor que dá certo não é aquele que mais tempo fica, mas aquele que mais se vive enquanto existe. Nós vivemos esse amor. E agora eu preciso colocar dentro de mim o fim que você já decidiu externamente há muito tempo. O fim que relutei em admitir, porque eu achava que admitir esse final seria *o meu* fim. Hoje percebo que ele é a minha cura, o meu recomeço. A chance que eu preciso me dar para me libertar e ser feliz. Esse fim eu estou me dando. Como um autoperdão, a chave da minha libertação.

Eu acredito em vida depois do amor, porque mesmo as nossas maiores desilusões não nos definem. Porque alguns amores se vão, mas a gente fica. Porque mesmo que algumas pessoas não sejam para ficar, isso não impede que alguém chegue e permaneça.

Você não ficou, e não precisava. Você esteve pelo tempo que teve que estar.

O que é mais importante não foi você ter ficado, e sim eu nunca ter me abandonado. Você não foi o amor que ficou, porém ensinou que o meu amor por mim não precisa ir embora também.

SEMPRE
GANHAMOS
COM OS
amores vividos,
MESMO COM
AQUELES
QUE SE VÃO.

AOS AMORES QUE FORAM BREVES

A vida não pode ser contada apenas em horas. Ela precisa ser contada pelas experiências que fizeram dela algo significativo para nós. E assim é o amor: significativo demais para que os finais nublem o tempo em que esteve conosco. Profundo demais para que seja ignorado apenas porque durou pouco do nosso lado. Amor é amor. Dure anos ou momentos.

Existem amores que passam rápido, amores de história curta, mas que marcam por toda uma vida. Se um amor fosse medido não pelo tempo, mas pela sua intensidade, haveria amores que seriam eternos, mesmo não tendo durado mais que um dia.

Algumas pessoas podem dizer que amores breves não existem. Que o amor de verdade necessita de tempo para se desenvolver. Que o que chamamos de amor à primeira vista é nada mais do que o acender da paixão. Uma chama que pode se apagar tão rápido quanto foi acesa. Ou que pode nos iludir e nos prender na mesma intensidade com que surgiu. Acredito que isso tenha a sua dose de verdade. Mas o que dizer daqueles sentimentos inexplicáveis? Daquelas experiências tão marcantes, doces e ao mesmo tempo arrebatadoras, que apesar de sua breve duração continuam tão vivas na memória? O que dizer dessas experiências que nos fazem pensar que um dia o amor cruzou nosso caminho, mesmo não tendo permanecido?

Às vezes, o amor chega de maneira breve. Se vai rápido. Mas deixa sua marca como um perfume que deixa sua fragrância no ar e que impregna na alma. Uma memória, que às vezes parece um conto. Algo como um hiato entre os dissabores da vida. Uma aventura que por um breve tempo nos roubou da realidade. Um amor breve, de beleza única.

Nem todo amor breve é belo, é verdade. Alguns machucam exatamente pela rapidez com que acabam. Como frutos que foram colhidos antes do tempo sem conseguirem amadurecer. Deixam a sensação de que com um pouco mais de cuidado, um pouco mais de tempo, poderiam ter proporcionado um sabor mais doce. Mas a verdade é que são amores intensos. Avassaladores. Amores que podem deixar marcas profundas se não forem cuidados com atenção. Porque não é tão simples compreender que um sentimento possa começar e acabar tão rápido. Não é tão fácil admitir que algumas pessoas podem chegar a nossa vida e ter um grande significado, e tão logo saírem dela sem ter mais nenhuma relação conosco. Assusta um pouco a realidade de que algumas relações possam ser frágeis e que as despedidas possam acontecer de modo tão intenso e, às vezes, tão frequente.

Só que algumas relações são assim. Podem deixar um pouco a tristeza por sua brevidade, ou o alívio por não termos aprofundado e alongado um vínculo com alguém que já estava destinado a partir, fosse mais cedo ou mais tarde. Algumas pessoas preferem que se algo "não é para ser", que não se estenda. Para que não se crie o apego e que feridas maiores não nasçam depois. Outros se doem, porque acreditam que o fim do amor que foi vivido pouco dói mais que o amor que teve mais tempo para ser experenciado em todas as suas etapas.

A grande verdade é que amores em alguns momentos podem ser breves, mas sentimentos, geralmente, não. Sentimentos continuam para além do que uma relação durou. Eles são independentes, começam sem serem chamados e continuam mesmo que nosso coração deseje que acabem. É cruel o quanto a duração de um sentimento pode ser diferente da duração da relação. Conviver com uma pessoa por dias ou semanas e carregar um sentimento por anos. O grande desafio é ressignificar esse sentimento, e transformá-lo apenas em uma doce lembrança. Amenizar um pouco as marcas que ficaram, e focar mais as recordações deixadas . Diminuir um pouco o lamentar pelo que não se viveu e ser um pouco mais grato pela intensidade da experiência proporcionada. Transfigurar finais que foram difíceis em vivências que foram transformadoras. Essa é a alquimia da evolução afetiva.

De certa forma, todo amor é breve, por mais longo que seja. A vida é breve. Breve demais para não amarmos. Breve demais para perdermos tempo lamentando pelo que não foi, breve demais para fecharmos o nosso coração para o amor. A intensidade de certas experiências não pode ser medida pelo tempo. A vida não pode ser contada apenas em horas. Ela precisa ser contada pelas experiências que fizeram dela algo significativo para nós. E assim é o amor: significativo demais para que os finais nublem o tempo em que esteve conosco. Profundo demais para que seja ignorado apenas porque durou pouco do nosso lado. Amor é amor. Dure anos ou momentos.

Sobre os amores breves, penso que todos valem a pena. Mostram que o amor existe. Mostram que a vida não segue script. Mostram que a mudança e a impermanência são leis soberanas. Mostram que alguns momentos nos roubam e fazem valer toda uma vida. Mostram que todos merecem encontrar esse amor, ao menos uma vez em sua existência, para que a força desse contato dê um pouco mais de sentido a todos os outros dias que se seguem depois. Pois todos merecem experienciar um amor profundo, ainda que breve.

AOS AMORES QUE EU NÃO ENXERGAVA QUE ME FERIAM

Não importa o quanto a gente queira que as coisas sejam diferentes, precisamos ter a coragem de enxergar o que elas realmente são. Dor, medo, opressão jamais combinaram com afeto. E mesmo que a gente acredite amar muito alguém, a gente precisa se amar mais.

Você já ouviu falar da síndrome do sapo na água fervente?

Se você colocar o sapo em uma panela com água e aos poucos for aumentando a temperatura, o sapo vai usar sua energia para se ajustar à temperatura da água. Quando ela estiver fervente, ele não conseguirá mais sair de lá, pois gastou toda sua energia se adaptando ao ambiente. Ou seja, o sapo morre porque passou tempo demais contornando o que lhe fazia mal em vez de pular fora da panela no primeiro sinal de dor.

Existem relações que são assim. Matam os sentimentos enquanto a gente tenta se adaptar àquilo que nos machuca.

Muitas pessoas machucam nossos sentimentos. Algumas, sem intenção. Outras vezes, somos nós mesmos que nos ferimos por causa da teimosia em insistir em relações que não dão certo e em pessoas que não são recíprocas. De todas essas, a pior ainda é a relação que a gente não vê que nos fere. É comum quando não estamos acostumados a sermos amados, quando não sabemos nos dar afeto e aceitamos qualquer tipo de atenção para preencher o buraco que existe em nosso coração, mesmo que isso seja tudo, menos amor.

Quando me lembro do que vivemos, penso que no começo talvez tenha existido amor. É ainda confuso para mim dizer isso, porque na maior parte da nossa relação eu acreditei que sempre tenha havido afeto. Só que eu não sabia o que afeto era de verdade. Eu não sabia que o afeto só pode existir se ele estiver atrelado ao respeito, à dignidade, ao diálogo, ao companheirismo e, principalmente, ao cuidado com o outro. E eu não sei se algum dia isso veio da sua parte. Eu quero acreditar que um dia você me amou. Mas, se você me amou, acho que você não sabia amar. O amor não oprime, o amor não limita, o amor não diminui, o amor não reprime, o amor não sufoca, o amor não machuca! Qualquer coisa que seja assim pode ser chamada de tudo, menos de amor. É no máximo a nossa vontade de acreditar que é. Só que não é.

A verdade é que aquilo que chamamos de amor muitas vezes é paixão, e a paixão nos cega da realidade. Paixão altera a nossa consciência, nos leva a um estado de excitação e de desejo que faz com que moldemos a nossa visão da realidade para um discurso que atenda aos nossos desejos. De modo mais prático, *a gente vê apenas aquilo que queremos ver.*

Eu via apenas aquilo que eu queria. Eu me negava a enxergar a realidade. Em parte, porque me doía ver a verdade, e, em parte, porque eu nunca soube o que era amor. E quando a gente não sabe como é ser realmente amado, é muito mais fácil receber qualquer coisa e achar que é afeto. Quando não se tem algo saudável, o tóxico pode facilmente parecer normal. Esse é o perigo de uma autoestima malconstruída.

Ela te leva a acreditar que a simples presença de alguém em sua vida te basta, mesmo que essa pessoa te destrua por dentro. O encanto por ter alguém parece bastar. Depois, deixa de ser encanto e começa a virar dependência. É quando, no fundo, você já começa a perceber que te machuca, mas tem medo. Medo do novo, medo de ficar só, medo de não ser amado, medo de se arrepender, medo de seguir em frente. Mas o medo nunca pode ser motivo suficiente para ficar ao lado de alguém.

Eu só fui perceber isso muito tempo depois. Quando, em um dado momento, percebi que não estava feliz ao seu lado. Que estava amortecido pela dor, acostumado com o sofrimento, com uma relação tóxica que me sugava aos poucos. Eu me acostumei à dor que você me causava. Me acostumei a me culpar pelo que não estava bom, em pensar que era eu quem não era suficiente para você, em achar que lhe devia algo simplesmente pelo fato de você querer estar comigo.

Eu trazia toda a responsabilidade do insucesso da nossa relação para mim e pensava que o mais importante de tudo isso era que você não me deixasse. E, para isso, fui abrindo mão de mim e sufocando quem eu era. Abri mão do meu estilo, dos meus amigos, dos meus gostos, das atividades que me faziam bem. Abri mão de quem eu era para me tornar quem você queria que eu fosse. Me incomodava, machucava, só que para mim era normal. Não é isso que se faz por quem se ama? Não é isso que todos fazem quando encontram alguém?

Depois de um longo tempo, passei a me perguntar quando eu normalizei relações que machucam. Se aprendi isso com meus pais, se foi uma construção deficiente da minha autoestima, se me espelhei na relação de alguém como um "modelo geral de relacionamentos", ou se absorvi da sociedade a ideia de que o importante é ter alguém (mesmo que essa pessoa me faça sofrer). Não descobri ao certo o que me fez normalizar relações que machucam; o que me fez acreditar que amor é isso. Só sei que no dia que finalmente despertei para a realidade, compreendi que o verdadeiro amor jamais fere.

Eu aprendi uma das mais importantes lições da minha vida: o importante não é estar com alguém, o importante é ficar bem.

E eu trabalhei para ficar bem depois de todas as feridas emocionais que ficaram. Foi assim que tirei completamente a venda que encobria meus olhos. E fiz isso com muito trabalho, pois tive que aprender a me amar de verdade, a rever meus conceitos sobre os relacionamentos, a enxergar o meu valor, a impor limites necessários, a entender que eu merecia ser amado, e amado de verdade!

Depois desse processo, a gente precisa aprender a lidar com a culpa. Com a culpa que se tem sobre si mesmo, se recriminando por ter insistido por tanto tempo em uma relação falida. Eu tive que aprender a ter paciência comigo. A me acolher, me perdoar e compreender que agimos sempre dentro dos nossos limites e condições. Eu não tinha condições nem estruturas na época para ter feito melhor. Eu aceitei o amor que achava merecer, e me perdoo por ter aceitado pouco.

Hoje, entendo que experiências difíceis fazem parte da vida. Que me culpar não vai acrescentar nada na minha caminhada, apenas vai me prender a um passado triste que já foi. O autoperdão foi a minha libertação. O que me permitiu seguir e aprender com tudo que recebi de você. Mas, veja bem, esse mérito é meu, e não abro mão dele. Fui eu que aprendi. É sempre nossa a capacidade de ser resiliente e de aprender com as adversidades. Eu optei por aprender e seguir e usar meus novos padrões de relacionamentos para viver coisas melhores.

E também tive que aprender a te perdoar. Pelo meu próprio bem. Para que eu pudesse seguir em frente. Tive que aprender que há pessoas que ainda não têm a capacidade de fazer melhor. Que às vezes carregam esse jeito torto de amar, essa toxicidade, vinda de suas próprias experiências difíceis. Entretanto, não cabe a mim curar você. E viver te culpando é te dar o poder de definir a minha vida e de colocar a minha felicidade em suas mãos. Coisa que decidi não fazer mais. Eu te perdoo porque não quero mais carregar você comigo, nem em minha mente, nem em meu coração.

Eu não enxergava que você me feria. Não enxergava que nada daquilo era afeto. Mas hoje eu vejo as cicatrizes. Sei que pode haver ainda feridas em mim. Pouco a pouco, vou me curar delas também. O mais importante é que eu segui em frente. Que enxerguei a tempo que eu merecia mais. Que eu pulei da panela antes que a água fervesse.

Agora compreendo que no campo das relações a gente jamais deve se acostumar ao que dói. Não importa o quanto a gente queira que as coisas sejam diferentes, precisamos ter a coragem de enxergar o que elas realmente são. Dor, medo, opressão jamais combinaram com afeto. E mesmo que a gente acredite amar muito alguém, a gente precisa se amar mais. Se amar ao ponto de seguir em frente e entender que não é qualquer pessoa que nos merece ter do lado. Se amar ao ponto de entender que é preferível a dor dos fins de ciclos (que na verdade são uma ponte para o recomeço) a viver a dor contínua de uma situação que não muda.

Que a gente nunca esqueça que para tudo que nos fere o melhor remédio é dizer adeus.

AOS AMORES QUE EU NÃO SOUBE AMAR DIREITO

Somos eternos aprendizes da vida, e no campo do amor não é diferente. Ser humilde para reconhecer isso e maduro para assumir a responsabilidade do próprio processo interior é o que nos permite viver relações mais sadias. É o que nos permite ser melhores do que já fomos um dia, para, no campo dos afetos, ferirmos menos e abraçarmos mais.

Uma vez me perguntaram se o amor dói.

"O amor não dói", eu respondi. "O que machuca é nosso jeito errado de amar."

A verdade é que a gente não nasce sabendo amar. Amar é coisa que se aprende ao longo da vida. Ou ao menos que deveríamos aprender. Em si, o amor é simples, puro e, ao mesmo tempo, infinitamente poderoso. O problema está quando o substantivo vira verbo.

Quando o amor vira o amar, nem sempre as coisas fluem da maneira bonita como deveria acontecer. Porque nunca amamos puramente. Amamos com todas as nossas complexidades junto. <u>Nosso jeito de amar é o amor que</u>

chega ao outro com nossos limites e imperfeições. Ninguém ama perfeitamente, porque ninguém é perfeito.

A gente ama como dá. Amamos como podemos, e isso nos ensina que sempre podemos amar um pouco melhor. Amar melhor é amar o outro de um jeito sadio, dando mais espaço ao amor do que ao nosso egoísmo ou carência. É quando o amor se sobressai diante de todas as nossas dores, traumas e complexidades, que ele se revela em sua maior beleza. Como uma rosa que desabrochou e se mostrou maior que todos os seus espinhos.

Mas não é fácil fazer esse amor aparecer. Ser maior que todo o resto. Carregamos tanta coisa dentro de nós: histórias mal resolvidas, feridas não cicatrizadas, infâncias traumáticas, influências sociais, carências não preenchidas, vazios inexplicáveis, ilusões profundas e desejos ferozes. A gente procura, idealiza, cobra, se decepciona... às vezes a gente faz tudo, menos simplesmente amar. Para amar, a gente precisa vencer tudo isso. Aprender a administrar o medo, ter a capacidade de ousar um pouco, se permitir ser vulnerável, deixar um pouco de lado as idealizações, respeitar a individualidade e compreender que o amor não se trata de possuir ninguém.

Quem disse que amar é fácil?

Amar é mais do que apenas receber e dar afeto. Amar é trabalhar muito. Trabalhar com o outro. E, principalmente, trabalhar em si.

Amar é uma jornada de autoconhecimento.

Quanto mais nos conhecemos, melhor aprendemos a amar.

Comparo o autoconhecimento (e por consequência o amor) a um processo de lapidação. Nesse processo pegamos a massa bruta de emoções mal resolvidas, e usamos o conhecimento que vamos absorvendo pelo caminho como as ferramentas que nos ajudam a dar forma a essas emoções: forma de uma vida com relações mais bonitas e equilibradas. É um processo árduo, mas o único que nos permite criar algo verdadeiramente significativo. E é nessa arte, a maior obra de todas, quando aprendemos a dar forma ao amor-próprio, pois ele é a inspiração e o molde para todo o resto.

Só que a gente erra muito até chegar lá, e nesses erros e enganos a gente se machuca, e machuca o outro também. Costumamos falar muito sobre pessoas tóxicas, e esquecemos com frequência as partes tóxicas que habitam em nós. Dessas partes que já intoxicaram relações, que já sabotaram romances, que já feriram pessoas queridas.

Eu reconheço as partes tóxicas que já habitaram em mim. Reconheço as que ainda habitam. Reconheço que muitas vezes eu não soube amar direito.

Quando a gente precisa se despedir de um amor porque não soube valorizar ou dar o afeto da devida forma, é complicado. É comum que não queiramos admitir a nossa parcela de responsabilidade na relação que não deu certo. Existe uma tendência muito grande de transferir ao outro toda a culpa pelo fim. Só que, na maioria dos casos, o fim não é só pelo outro. Uma relação se constrói a dois, e pelos dois também pode acabar. Cada um tem a sua parcela de responsabilidade naquilo que começou e nos motivos pelos quais terminou. Salvo algumas exceções, é verdade, quando alguém escolhe ir por si, pelas suas razões ou confusões.

Porém, nos casos mais frequentes, não dá pra jogar a carga só para o outro nem pegá-la só para si. É preciso entender onde cada um tem a sua parcela de contribuição para uma relação terminar.

Reconhecer a minha parte e as vezes em que eu não soube amar direito me fez enxergar uma culpa que habitava dentro de mim e que eu me negava a ver.

A culpa é um mecanismo destruidor. Ela nos acusa constantemente de tudo que não deu certo, nos diminui, nos desvaloriza, faz questão de nos lembrar diariamente dos erros que cometemos pelo caminho. Mas a culpa não nos transforma, ela apenas nos tortura.

Reconhecer meus enganos foi o primeiro passo. Transformar essa culpa em aprendizado e posteriormente em autoperdão era o meu maior desafio. Eu bem que gostaria de poder voltar atrás e agir de maneira diferente. De ter o olhar mais maduro que tenho hoje. De tentar refazer as minhas atitudes e não ter me deixado levar tanto por atitudes mesquinhas e infantis que apenas sufocaram as minhas relações. Eu queria poder voltar ao passado, só para poder amar melhor.

Mas ninguém pode voltar atrás. A gente só pode olhar para trás e digerir o que aconteceu. Usar essas experiências para aprender e ser alguém melhor e entender que assumir a responsabilidade é diferente de se culpar. Assumir responsabilidade tem a ver com compreender as consequências que se seguem às nossas atitudes. É usar desse entendimento para se aprimorar. Se culpar é se condenar eternamente. Se castigar por atitudes equivocadas do passado, mas sem crescer com o aprendizado que elas trouxeram. Assumir responsabilidade é amadurecer. Se culpar é apenas se punir.

EU QUERIA
PODER VOLTAR
AO PASSADO,
SÓ PARA PODER
amar melhor.

Assumir a minha responsabilidade me fez entender que eu não era vítima do que aconteceu, e deixar a culpa de lado me ajudou a compreender meu lado humano e imperfeito. Esse meu lado que precisa de cuidado e amadurecimento para poder se amar mais e dar esse afeto ao outro de maneira mais sadia.

Talvez todos os amores antigos os quais feri sem querer possam me perdoar um dia por não os ter amado como deveria, assim como eu aos poucos estou aprendendo a me perdoar por isso. Só que entendo que esse perdão é um processo de cada um, algo além do meu alcance. Apenas torço para que cada um possa encontrá-lo. Não por mim nem por uma suposta paz na minha alma, e sim para que as feridas possam cicatrizar. Para que isso não deixe marcas tão profundas a ponto de que o meu coração não se abra a outro amor.

Afinal, estamos todos aprendendo a amar.

Estamos todos aprendendo a nos despedir.

Estamos todos aprendendo a nos desapegar.

Estamos todos aprendendo a perdoar.

Para, assim, aprender a amar de novo.

Somos eternos aprendizes da vida, e no campo do amor não é diferente. Ser humilde para reconhecer isso e maduro para assumir a responsabilidade do próprio processo interior é o que nos permite viver relações mais sadias. É o que nos permite ser melhores do que já fomos um dia, para, no campo dos afetos, ferirmos menos e abraçarmos mais.

É amadurecendo dia a dia que, aos poucos, me despeço de minhas próprias toxicidades para aprender a amar melhor.

AOS AMORES PELOS QUAIS NÃO VOU MAIS CHORAR

No fundo, a gente sabe quando chega ao limite. Quando a ficha cai e a gente percebe que não faz mais sentido derramar lágrimas por quem não se importa com elas. Quando finalmente entendemos que se precisamos chorar por alguém, é porque essa pessoa sequer deveria estar em nossa vida, aí sim encontramos a força para seguir em frente.

Ontem foi a última vez que chorei por você.

Eu sei disso. Como quem sabe que a fonte secou e que nenhuma gota pode mais sair dali.

Sei, como quem olha para uma ferida e vê que cicatrizou.

Sei, como quem olha para o céu e vê que a chuva parou, que a tempestade se foi, que o ar se renovou e que os raios de sol já aparecem entre as nuvens.

No fundo, a gente sabe quando chega ao limite. Quando a ficha cai e a gente percebe que não faz mais sentido derramar lágrimas por quem não se importa com elas. Quando finalmente entendemos que se precisamos chorar por alguém, é porque essa pessoa sequer deveria estar em nossa vida, aí sim encontramos a força para seguir em frente.

E depois que compreendemos isso, todas as lágrimas param de cair.

Lembro de todas as vezes que chorei por você. Lembro de cada lágrima que saiu dos meus olhos.

Lembro dos choros em silêncio, dos choros que engoli, dos choros que irromperam quando não deviam, dos choros que foram vistos por amigos queridos e enxugados por pessoas amadas, dos choros que você presenciou sem se importar de verdade em mudar as atitudes que os causavam.

<u>O choro vem quando a dor quer se mostrar.</u> E a minha não parava de fazer aparecer. Inicialmente, eu pensava que era para que você as enxergasse, e, no momento que percebesse a dor que causava, pudesse mudar. Só depois que compreendi que essas lágrimas não eram para você. Eram para mim. Não eram só um sinal do que você estava fazendo comigo e com o meu coração, mas do que eu estava fazendo comigo mesmo e com o meu bem-estar.

A necessidade de mudar já não era mais sua. Era minha. Porque só podemos responsabilizar o outro até certo ponto. E esse ponto é onde começa a nossa contribuição para a situação em que estamos. A partir do momento em que eu aceitava que você me fizesse chorar, eu lhe dava esse poder.

Eu me perguntava quando você mudaria, porém não me questionava quando eu colocaria um fim nisso. E o mais ilógico de tudo foi perceber que por fugir da dor do fim eu me prendia à dor de um ciclo falido. Hoje sei que não há como escapar de algumas dores. Só que temos que escolher aquelas que são o sinal da cura acontecendo. Algumas dores são como um túnel escuro que temos que atravessar para chegar aonde queremos. Não há outro caminho ou desvio, e passar por ele é o único jeito de chegar ao destino. E, depois de atravessá-lo, vemos que ele também tem seu fim, e que era apenas um trajeto que levava a algo muito melhor e mais belo. Assim é a dor do fim. Você precisa atravessá-la, não há como fugir dela. Só que ela não dura para sempre.

Tal como escolhemos algumas dores, escolhemos algumas lágrimas. E é preferível chorar pelo luto de uma fase que terminou, de uma expectativa que não se cumpriu, do que chorar novamente por uma situação que continua a se repetir. Não há mal em chorar; o choro faz parte da constituição humana. Mas aprendi que devemos analisar bem o motivo que nos leva a chorar, e a frequência com que esse motivo aparece. Pois alguns choros não merecem se repetir.

Hoje, não te dou mais o poder de me fazer chorar. Você já não possui o meu coração. Descobri que ele pertence apenas a mim e que minhas lágrimas são valiosas demais para serem derramadas por causa de você. O choro tem o seu poder curativo. Nos traz a catarse de quem precisa pôr para fora aquilo que antes afogava por dentro. Acredito no poder de se permitir chorar. Só não acredito no benefício de uma vida feita só de lágrimas. O choro é como um remédio que precisa ser bem dosado. Quanto mais frequente o choro, mais profunda pode ser a ferida a ser curada. Por isso, mais do que um desabafo, uma maneira de esvaziar-se da dor, um jeito de deixar ir, o choro também é um sinal. Lágrimas, quando frequentes, mostram a necessidade de atenção com as emoções e com a vida que estamos levando. Chorar de vez em quando, chorar diante de situações que tocam a alma, chorar de saudade, chorar de tristeza, são reações normais. Chorar todos os dias pode mostrar que nosso coração pede socorro. E depois de o meu tanto pedir, finalmente o ouvi.

A gente se dói tanto por algumas pessoas, e anos depois olha para trás e precisa se esforçar para sentir um pouco ou entender por que gostávamos tanto, por que nos importávamos tanto. Nos machucamos tanto por pessoas que depois não terão mais importância em nossa vida. E agora entendo que se algumas coisas talvez não forem mais relevantes no futuro, por que precisam ser relevantes agora?

A última lágrima que caiu levou o que ainda restava de você com ela. O choro cessou, e depois de enxugar meus olhos pude ver melhor no espelho alguém digno de ser amado e que não ia mais chorar por pessoas que não o mereciam.

Por isso, você não me verá mais chorar. E se, um dia, por acaso isso acontecer, saiba que serão lágrimas de alegria, e que junto dessas lágrimas haverá um sorriso de gratidão, pelos novos momentos de felicidade que vivi, pela nova vida que construí, pelos novos amores que amei e, principalmente, pela alegria de saber que me libertei de você.

AOS AMORES QUE NÃO ERAM PARA SER

Tem pessoas que chegam para ser assim. Para ser apenas aquele momento. Pessoas que não estão reservadas para a nossa vida. E temos que entender que nem todos chegam para ficar. Que algumas pessoas chegam para ficar conosco apenas por uma parte de nossa vida. E só.

Algumas histórias de amor, quando terminam, não precisam de muita explicação. Às vezes, elas se encaixam no bom e velho clichê do "não era para ser".

Eu sei que pode parecer raso ou um conceito muito conformista, simplório e pouco construtivo. Ainda assim, há romances que parecem ter sido destinados a não acontecer. Como se alguma força levasse ambas as pessoas para caminhos diferentes, porque elas não pertencem à mesma história.

Penso que o nosso amor foi exatamente assim. Quando lembro de nós juntos, não encontro atitudes suficientes que expliquem o que aconteceu. Não consigo ver em que exatamente falhamos um com o outro. Ou será que falhamos por não termos insistido mais?

A vida nos colocou em posições diferentes, em situações opostas e, por mais que o sentimento fosse o mesmo, parece que tudo conspirou para que as coisas não caminhassem do jeito que nós imaginamos que caminhariam.

Eu sempre acreditei que o amor dependia muito da vontade, do esforço de ambas as pessoas para dar certo. E continuo achando isso. Porque nem só de amor se faz uma relação. É preciso também um pouco mais. É preciso um pouco de sorte, talvez, ou destino, se você assim preferir chamar. É preciso uma série de fatores que crie um espaço para aquela relação acontecer. Como um terreno fértil onde se pode semear. Como a estação ideal para aquela planta poder crescer. E nós não encontramos a nossa estação.

Quem sabe não fomos a pessoa certa um do outro na hora errada?

Uma vez li que a pessoa certa na hora errada continua sendo a pessoa errada. Pois não tem como algo profundo realmente acontecer com essa pessoa. Os eventos não trabalham a favor.

Por muito tempo eu briguei com a vida por não ter sido mais gentil com nosso sentimento. Por não ter sido um pouco mais fácil. Nunca fui muito fã daquelas histórias infantis em que os personagens vencem primeiro vários desafios para poderem amar. A ideia do "felizes para sempre" depois de superados os obstáculos. O amor não devia ser uma batalha. O amor devia ser fácil. Todo mundo devia ter direito a um amor leve, simples e descomplicado.

Só que chega um momento em que a gente aceita que a vida (e também o amor) nem sempre caminha pelo terreno da lógica. E nessas horas temos que nos conformar que as coisas são como são. Por mais que o coração deseje outra coisa, por mais injustas que as coisas pareçam, por mais que doa ver que outras pessoas podem viver histórias de amor, e que a nossa, de alguma maneira, não deu certo, algumas vezes não há outra alternativa senão aceitar. A aceitação é a resignação do coração que cansou de lutar. Cansou de lutar contra a vida, contra a realidade, contra a verdade de que não fomos feitos um para o outro. A realidade de que não era para ser...

Amores quando não são para ser deixam aquele gostinho amargo da injustiça. Abrem brechas para a mente criar histórias de como tudo poderia ter sido diferente. E até criam esperanças de que no futuro talvez as coisas possam dar certo. Independentemente disso, ninguém vive com base "no que poderia ter sido"; a gente vive com base naquilo que aconteceu. E nós não acontecemos. E não se pode paralisar a vida e viver na eterna expectativa de que um dia talvez esse amor aconteça. Não que a vida não tenha suas reviravoltas, mas não dá para viver na espera de algo que pode nunca acontecer.

Talvez um dia seja possível. Talvez não. Isso só a vida vai dizer. É preciso seguir em frente e confiar que o que é nosso nos encontra.

Porém, o "não era para ser" também pode trazer paz ao coração. A paz que a gente tem quando percebe que fez o possível e compreende que tem coisas que vão além da nossa vontade e do nosso alcance. Controlamos pouca coisa nessa vida, e o amor é uma dessas coisas fora do nosso controle. Esse entendimento traz um pouco de conforto e maturidade. A maturidade que nos faz aceitar que a vida é assim. Que não realizamos todas as nossas vontades.

Gosto de pensar que isso também é bom, que é uma forma de a vida me proteger e me afastar de coisas que não são boas para mim e me redirecionar ao encontro do que é realmente meu. Eu preferi pensar por essa perspectiva mais otimista. A perspectiva que me permitia ainda lembrar de você com carinho, mas sem ficar apegado à sua memória. A perspectiva que me fazia entender que tudo que vivemos foi uma fase importante, só que foi destinada a ser aquilo e nada mais. Uma fase, não uma vida.

Tem pessoas que chegam para ser assim. Para ser apenas aquele momento. Pessoas que não estão reservadas para a nossa vida. E temos que entender que nem todos chegam para ficar. Que algumas pessoas chegam para ficar conosco apenas por uma parte da vida. E só.

Nosso amor não foi feito para ser, não foi feito para durar. Talvez porque outra pessoa esteja destinada ao seu caminho e ao meu. Nós não fomos feitos *para* ser. Mas tudo foi como *tinha* que ser. E quem sabe nosso encontro não foi feito para ser amor, foi feito para ser ponte e nos levar ao destino dos amores que são realmente nossos.

AOS AMORES CONFUSOS DEMAIS PARA AMAR

Mas um dia eu entendi que algumas pessoas são confusas. Só que o amor precisa ser uma certeza. Não pode haver dúvidas no amor. Porque se você tem dúvida de que ama alguém, provavelmente não tem sentimentos reais por essa pessoa. Eu compreendi que um amor, para ser saudável, precisa nos acolher por inteiro.

Você já ouviu aquela frase: "pessoas confusas magoam pessoas incríveis"?. Então, talvez esse tenha sido o caso do nosso amor.

Eu sei que parece pretensão me achar uma pessoa incrível. Sou tão comum e cheio de defeitos quanto qualquer outro. Mas eu estava realmente disposto a ser alguém "incrível para você". Alguém que você tivesse orgulho de ter por perto e que jamais faria você duvidar de que era amado.

Só que todo amor do mundo nunca será suficiente para alguém que não sabe o que quer.

Às vezes, me pergunto se realmente existem pessoas bem resolvidas no amor, ou se apenas disfarçam melhor o próprio caos emocional. Só que algumas pessoas parecem ser mais confusas do que outras. E, quando essa confusão atinge o coração de alguém, é muito difícil não haver feridas.

Amores confusos são os mais perigosos. Porque um amor não correspondido pode doer, mas você sabe exatamente o que pode esperar da pessoa. Você sabe que nenhum sentimento vem dali. Por mais que insista, sabe, no fundo, que é um esforço inútil, e uma hora precisará se convencer disso. Mas um amor confuso é sempre imprevisível. Ele não te assume, não te acolhe, não passa segurança. E, ao mesmo tempo, não te deixa livre. Um amor confuso está sempre cutucando feridas. Espera o sentimento se acalmar para acendê-lo de novo.

O seu amor era assim. Todas às vezes que eu entendia que você não era uma boa pessoa para mim, que eu admitia que você nunca me amaria e que nós nunca daríamos certo, você dava um jeito de reavivar as esperanças. E, quando eu estava pronto para dizer adeus, você, de algum modo, ressurgia para segurar minha mão e dizer "não vá".

Depois que eu deixava minhas inseguranças e o medo de lado e começava a acreditar que poderíamos dar certo, que finalmente você havia mudado e estava pronto para viver algo, lá estava você dizendo que não era exatamente isso que queria.

Você me colocou num relacionamento de vai e vem. Numa montanha-russa sentimental que ora me colocava nas alturas ora me deixava no chão. Eu te amava e te odiava por isso. Eu sorria e chorava por você. Eu nunca estava em equilíbrio porque suas atitudes sempre me tiravam do eixo.

Por muito tempo, você foi um grande enigma para mim. Eu não sabia se o problema era comigo, se eu não era bom o suficiente para você, se você tinha sentimentos por outra pessoa, se era insegurança sua ou medo de se envolver. Nunca encontrei uma explicação para a sua confusão.

Mas um dia eu entendi que algumas pessoas são confusas. Só que o amor precisa ser uma certeza. Não pode haver dúvidas no amor. Porque se você tem dúvida de que ama alguém, provavelmente não tem sentimentos reais por essa pessoa. Eu compreendi que um amor, para ser saudável, precisa nos acolher por inteiro. Entendi que não podia ser uma eterna possibilidade. Existem pessoas que têm medo de fazer escolhas, que não estão maduras para entender que não se pode ter tudo e que ninguém estará esperando para sempre. Foi nesse momento que eu deixei de tentar entender o verdadeiro motivo dessa sua confusão. Apenas entendi que você não estava pronto, e que sobre bases instáveis não se constrói uma relação.

Essa compreensão foi o início da minha libertação. Depois dela, eu finalmente despertei para a inevitável verdade: cabia a mim colocar um fim nisso. Enquanto eu esperasse uma definição sua, estaria sempre sofrendo. Estaria sempre confuso, decepcionado e frustrado, me perguntando o que havia de errado comigo. Precisei tomar uma atitude. Precisei me posicionar, colocar limites e finalmente aprender a dizer "não". Sei que você estranhou. Que no fundo você acreditava que eu sempre estaria ali. Sei que você não estava acostumado a ser rejeitado por mim. Talvez, lá no fundo, eu acreditasse também que, ao assumir essa postura, você ficaria com medo e se definiria. Que te dando um "gelo", você talvez perceberia que estava perdendo o grande amor da sua vida. Só que o amor de verdade não nasce assim. Não nasce de jogos emocionais.

Levei um tempo para compreender que jogos emocionais só criam mais feridas. Às vezes, a gente se esquece de que não vale tudo para ter alguém. E que ter alguém indeciso, alguém "pela metade" é muito pouco. A gente merece mais.

Eu merecia mais. E finalmente me dei conta disso. Me dei conta de que mereço um amor inteiro.

Por muito tempo, a sua confusão criou confusão em mim. Até eu entender que era eu que permitia isso. E finalmente tomei a decisão de seguir em frente. E doeu. Por muito tempo me culpei. Achei que estivesse jogando fora a chance de um amor. Por vezes, quase vacilei. Quase cedi novamente. Quase achei que o seu "amor confuso" era melhor que amor nenhum. Quase voltei para aquela velha esperança de que um dia você se definiria. Quase permiti que esse seu amor confuso me confundisse de novo e me fizesse vacilar em minhas escolhas.

Mas eu escolhi a mim. Fiz do meu amor-próprio uma certeza. E disse a mim mesmo que só aceitaria o tipo de amor que não tem dúvidas em ficar.

Não sei se um dia você teria mudado. Sei apenas que eu estava no meu limite. Não podia mais viver aquilo. E hoje vejo que não posso mais me atormentar com a ideia de que se eu tivesse tido um pouco mais de paciência as coisas teriam mudado.

Sei que fiz a minha parte. E entendi que a sua confusão só cabia a você resolver. Só que eu decidi não fazer mais parte dela. Não fazer mais parte das suas indecisões. Não deixar meu afeto à mercê das suas contradições. Espero que um dia você entenda que pessoas não estarão sempre à sua disposição, que na vida é preciso assumir riscos e fazer escolhas.

Eu decidi cuidar de mim porque compreendi que eu mereço mais que pessoas confusas. <u>Eu mereço ser certeza na vida de alguém</u>. E para todos aqueles que eu não puder ser isso, não hesitarei mais em dizer adeus.

AO AMOR QUE NUNCA
SE FAZIA PRESENTE

Vou embora. Para onde? Para a casa dos meus pais, para Paris, para o apê de uma amiga, para uma excursão, para ruas que não conheço. Não sei. Não me procure. Vou voltar para mim. Para o meu coração. Depois de tudo isso, acho que ainda lembro o caminho de volta.

Querido ex-amor,

Eu lhe deixo esta carta sobre a mesa para dizer que parti.
Não vou alugar mais o meu coração à espera da sua morada.
Não mais permanecerei nesta casa feita de eternas expectativas vazias que nunca mais se cumprirão, feita de memórias empoeiradas de um passado que já acabou, feita de goteiras e rachaduras de um amor que não teve manutenção.
Não precisa me esperar para o jantar. Assim como não tem mais sentido esperar pela sua reciprocidade.
Eu já joguei o lixo fora, e com ele aproveitei para mandar embora toda mágoa e todos os sentimentos mal resolvidos que habitavam dentro de mim.

Vou embora.

Para onde? Para a casa dos meus pais, para Paris, para o apê de uma amiga, para uma excursão, para ruas que não conheço. Não sei. Não me procure. Vou voltar para mim. Para o meu coração. Depois de tudo isso, acho que ainda lembro o caminho de volta.

Não me peça o endereço. Se depois desse tempo você não o encontrou, não o achará mais.

Encontrei de manhã a vizinha no elevador. Ela perguntou de você. Eu disse que não sabia nem de você nem do seu amor. Que agora estava conhecendo outro: o próprio.

Deixo aqui junto a esta carta as chaves do apartamento. Mas as do meu coração eu levo comigo. Você nunca mais as terá.

P.S.: Compre café, o que tinha já acabou. Ah, e o nosso amor também.

AOS AMORES QUE EU NUNCA DISSE QUE AMEI

Calar aquilo que sentimos é não deixar que os sentimentos conheçam a sua primavera. Eles morrem antes mesmo de nascerem. Eles simplesmente não existem em sua completude, não cumpriram a sua missão, não foram aquilo que estavam destinados a ser. Foram plantados, mas não nasceram. Não completaram o seu ciclo de começo, meio e fim.

É absurdo pensar que, às vezes, deixamos o medo prevalecer sobre o amor.

É estranho pensar nas relações não vividas. Não porque não deram certo, mas porque nunca tiveram o sentimento comunicado.

Quantos amores morreram na garganta das pessoas, por falta de coragem de dizer o que sentem por alguém?

Para amar é, sim, preciso ousadia. E, se não temos coragem para o amor, temos coragem para quê? Se essa experiência, capaz de nos tirar do chão, de dar sentido à vida, de expandir o nosso ser, não é capaz de fazer com que cruzemos a barreira do medo, o que mais é capaz?

Amar é um ato de coragem. Porque amar é expor as nossas mais profundas vulnerabilidades. É o despir de todas as nossas defesas, das nossas amarras, desse eu construído que temos que deixar de lado para mostrar quem somos. Pois só se ama de verdade pelo que somos. E só somos amados de verdade exatamente por isso. Amar é ficar nu de alma.

Amar é se expor ao risco de ser ferido, ao risco de ser rejeitado, ao risco de se decepcionar. Não porque o outro vai nos enganar, mas porque nós nos enganamos. O outro nunca será exatamente aquilo que pensamos, que imaginamos, que criamos em nossa fantasia. Ele sempre trará uma certa decepção disso, mesmo que o que reste seja bom. É ali que encontramos o amor real. E, quando não o encontramos, precisamos ter a coragem para seguir em frente e nos dar a oportunidade de amar de novo quando esse amor aparecer. Porque nos calar diante do amor não nos torna mais felizes. Tentar evitar sofrimentos não faz com que tenhamos menos dor.

Quantos amores já guardamos dentro de nós sem termos tido a coragem de dizer que eles existiam?

Às vezes, a gente se cala simplesmente para sustentar a existência desse amor. Não desse amor real. Desse amor fantasioso. Pois falar é correr o risco de ver o sentimento se acabar. Seja pela falta de reciprocidade, seja mesmo pela existência dela.

Algumas pessoas amam a fantasia do amar, a ilusão do que poderia ser, e preferem manter seus sentimentos em silêncio para sustentar algo que existe apenas na própria mente. Gostam da imagem que fizeram desse amor e não da pessoa em si. Se calam, porque esse calar é a sua proteção, é o que torna o sentimento vivo. E falar é correr o risco de vê-lo se acabar pela recusa de quem não ama, ou pela aceitação de quem pode amar, mas sem jamais ser igual à fantasia. E, por isso, vai inevitavelmente decepcionar.

Um amor assim não é exatamente amor. É apenas medo.

Medo de viver algo real, de ser vulnerável, de correr riscos e de perceber que um amor de verdade pode não ser o que imaginamos e mesmo assim pode nos surpreender. Essa é a beleza desse sentimento.

Por isso é tão importante dizer o que se sente. Um amor sempre merece ser externado. Só que é preciso cuidado para compreender que nem por isso ele deve ou vai se realizar. Que nem sempre o outro vai corresponder. Que nem sempre o outro estará disponível para viver o sentimento. É preciso medir os impactos de expressar o que sentimos. Não só em nós. No outro e em sua vida também. Merecemos dizer o que sentimos, só que sem ferir nem criar contratempos acreditando que o que sentimos pode passar por cima do sentimento e da história dos outros.

E o que fazer quando um amor precisa se calar?

O amor não precisa se calar. Ele precisa ser direcionado. Essa é a arte de entender que o amor não precisa possuir e que há muitas formas de ele existir e de expressá-lo. Temos que saber até onde esse amor é possível para compreender o lugar que ele habita em nós e fazer as pazes com esse sentimento.

O que não se pode é inventar impedimentos para justificar o silêncio do afeto. Acreditar que o amor pode se realizar sem uma dose de verdade e vulnerabilidade é viver em uma fantasia em que se acredita que tudo deve vir do outro. Amar é amar a dois, não tem jeito. É ser amado e mostrar que ama. Afinal, o outro jamais poderá adivinhar algo que nunca soube.

Calar aquilo que sentimos é não deixar que os sentimentos conheçam a sua primavera. Eles morrem antes mesmo de nascerem. Eles simplesmente não existem em sua completude, não cumpriram a sua missão, não foram aquilo que estavam destinados a ser. Foram plantados, mas não nasceram. Não completaram o seu ciclo de começo, meio e fim. E seu destino passa a ser sempre o pesar e o arrependimento.

Hoje, olho para trás e percebo que poderia ter tido um pouco mais de coragem. Um pouco mais de ousadia com esses amores a que nunca disse que amei. Penso em quantas histórias deixei de viver porque elas morreram em silêncio dentro de mim. Reflito também sobre aqueles que me amaram sem me dar a oportunidade de saber. E penso que gostaria disso. Gostaria de ter tido conhecimento daqueles em quem talvez tenha despertado um sentimento sem nem saber.

Se eu soubesse, não poderia ter dado uma oportunidade?

Não poderia ter explicado que talvez não fosse possível e ajudado essa pessoa a superar e ficar livre para novos amores?

Gostaria de ter tido esse direito.

Talvez aqueles que amei também fossem gostar disso.

Só que penso que nós, como humanos, precisamos também acolher as nossas fraquezas e arrependimentos. Talvez esses nossos "eus" do passado não tenham tido essa condição emocional para lidar com um sentimento expressado. Talvez apenas senti-lo era o melhor que podiam fazer. No campo do amor, quem pode julgar a maneira como cada um é capaz de lidar, de enfrentar e digerir? Quem sabe essa não seja uma espécie à parte de amores? Os não falados. Os que só existiram dentro de nós. Os que não foram feitos para serem vividos, apenas sentidos por um tempo. Os amores que foram amados em silêncio, no anonimato do coração.

Só que alguns amores são belos demais para existir apenas dentro de nós. Para não ganhar uma chance. Para não ter ao menos o direito de tentar existir. Eu bem sei que, às vezes, é difícil se abrir para alguém. Que falar do que se sente e ser rejeitado em nosso momento de maior vulnerabilidade pode doer. Só que viver uma vida sem ao menos termos a consciência tranquila de que tentamos não dói muito mais?

Aprendi a me orgulhar das minhas tentativas, dos riscos que corri, das coragens que banquei mesmo quando isso não foi suficiente para eu ter o que queria. Mesmo assim, fico feliz. Porque tentei. Porque fui fiel a mim e ao meu coração. Porque agora sei a resposta que nunca saberia se não tivesse tentado. E porque sei que só conquista algo quem tem a coragem de ousar, pois mesmo que não conquiste sempre, conquistará muito.

Às vezes temos que parar de nos proteger tanto e nos fortalecer para cuidar das nossas feridas e curá-las caso elas venham, em vez de sempre tentar evitar nos machucar e com isso não viver. Para viver o amor, precisamos nos abrir para o risco de sermos feridos. Isso não quer dizer que seremos, nem que não poderemos nos curar caso sejamos.

Apesar de todos os amores que nunca disse que amei, eu me perdoo. Me absolvo por todos os sentimentos silenciados do meu passado. Eu os liberto para que possam sair do meu peito e seguir seus caminhos, pois não quero mais sustentar nenhum tipo de amor reprimido. Eu respeito o que eles representaram, a fase da minha vida que existiram e sempre lembrarei de que um dia amei algumas pessoas em silêncio.

Eu me comprometo a viver uma vida mais autêntica, uma vida mais fiel ao meu coração, uma vida em que ao menos eu possa ser mais transparente com o que sinto e me dar o direito de tentar algo quando assim eu sentir que quero. Me comprometo a dar mais voz aos meus sentimentos e mais participação ativa do meu coração em minha vida.

Nunca mais um sentimento vai morrer preso em minha garganta.

Nunca mais o medo me impedirá de dizer "eu te amo".

AOS AMORES QUE SE FORAM SEM DIZER ADEUS

Percebi que eu precisava me despedir mesmo que nunca tivesse ouvido essa despedida e que ela não precisava necessariamente ser externa, mas dentro de mim, apesar de não ter a explicação do porquê a relação terminou. Mais importante que saber o motivo era finalizar essa história no meu coração.

Despedidas são profundos rituais de passagem.

Quando a gente se despede de algo, de alguém, de um ciclo que se encerrou, estamos ao mesmo tempo abrindo as portas para a entrada de algo novo. É quase como um ritual sagrado no qual compreendemos e aceitamos a natureza cíclica da vida, o fluxo infinito das transformações, agradecemos as vivências que tivemos naquela fase e dizemos um "sim" ao novo.

A humanidade, desde os tempos primitivos, compreendeu a importância dos ciclos da vida e desenvolveu seus rituais de passagem, seja na mudança das estações, seja na morte ou no nascimento de um integrante da comunidade. Despedir-se é necessário para recomeçar.

É por isso que existe uma melancolia poética no adeus. Uma tristeza que nem sempre é exatamente tristeza. Um misto de saudade, de gratidão, de dor e, ao mesmo tempo, de entusiasmo e alegria frente ao novo, com uma certa dose de medo. O adeus é uma ponte que construímos de dentro para fora de nós. Uma ponte que nos faz sair do ponto do que éramos rumo ao que seremos.

É difícil começar algo novo sem se despedir do antigo. Sem esse elo de transição que é o adeus. É por isso que amores que terminam sem despedida machucam tanto. Como conseguir deixar para trás algo em que nem se teve a oportunidade de colocar um ponto-final?

Tudo de que a gente não se despede direito fica vivo dentro de nós. Mesmo os amores. Parece que a gente os arrasta conosco. Sabemos que eles não estão mais ali, que essas pessoas já seguiram, que por mais que não tenha havido uma explicação para o fim, acabou. Só que a sensação de que o ciclo não foi finalizado continua dentro de nós como uma pedra no sapato perturbando a nossa caminhada.

Seguir sem um adeus é perder um pouco o *timing* do fim. É não saber direito quando e por que aconteceu. É tentar, sozinho, olhar para o passado e encontrar pistas, fatos, motivos que justifiquem uma saída que só percebemos de verdade que aconteceu quando finalmente aceitamos que essa pessoa não vai mais voltar.

São fins cruéis. Que não dão a quem queria continuar o direito de processar os motivos que levaram a isso, de tentar colocar o seu ponto de vista, de dizer aquilo que afoga o seu peito e invade o seu coração, de derramar as lágrimas que precisam ser choradas frente ao outro, de ao menos saber que dali em diante aquela pessoa seguiria um caminho longe do seu.

Seguir sem uma resposta é ter que encontrar uma dentro de si mesmo. E, mais do que isso, é entender que nós não controlamos as escolhas do outro. E esse entendimento é profundamente libertador. Pois só ele nos permite seguir em paz, sem culpa pelo que nem sequer foi explicado. É o que nos faz compreender que o outro faz escolhas baseadas na própria percepção e que nem sempre ele é capaz de ser maduro e transparente.

Algumas pessoas não vão se despedir porque não sabem encarar o adeus. Elas preferem sumir. Sair da noite para o dia, sem vestígio nem explicação, pois é doloroso demais para elas encarar esse momento e encarar a responsabilidade da própria decisão. Geralmente não é maldade, embora possa ser de uma grande e profunda frieza. Mas, em grande parte das vezes, é apenas covardia. E, em alguns casos, a pessoa realmente acredita que um fim sem explicação vai machucar menos do que um fim em que ela explica seus motivos. Em meio a tudo isso, o grande ponto é: não precisamos nos culpar por quem decidiu partir sem se explicar.

É natural ficar um pouco sem chão. É natural buscar uma explicação e relembrar cada passo da relação buscando argumentos que sustentem aquele sumiço repentino. É natural se sentir mal e ver a autoestima cair lá embaixo. A gente demora a se recuperar de uma situação assim porque demoramos a aceitá-la. Mas, pela nossa paz, a gente precisa aceitar. Precisamos aceitar que existem pessoas que não têm responsabilidade afetiva e que, às vezes, podemos esbarrar nelas. E que a falta de maturidade delas para colocar um fim não diminui o nosso valor.

Foi isso o que aprendi. Depois de buscar por respostas para amores que se foram sem dizer adeus, compreendi que a única resposta possível não estava no que aconteceu durante a relação. Não eram situações no relacionamento que justificavam aquelas partidas. Eram a constituição emocional daquelas pessoas. E, por mais que eu buscasse em tudo que vivemos uma dica de onde foi que eu errei, entendi que a chave da questão não eram possíveis erros, mas a dificuldade daquelas pessoas de decidirem o que queriam para a própria vida e de explicarem isso com clareza.

Mesmo assim, entendi que isso não diminuía a necessidade do adeus. Percebi que eu precisava me despedir mesmo que nunca tivesse ouvido essa despedida e que ela não precisava necessariamente ser externa, mas dentro de mim, apesar de não ter a explicação do porquê a relação terminou. Mais importante que saber o motivo era finalizar essa história no meu coração.

Foi quando olhei para dentro de mim mesmo, para esse seu fantasma que eu ainda carregava comigo, e pude finalmente me despedir.

Você nunca me disse adeus. Nem me deu os seus motivos para partir. Não me deu a oportunidade de eu pedir para que você ficasse ou para que eu dissesse que nunca mais voltasse. Você não viu as lágrimas que chorei, nem ouviu as palavras que eu queria dizer. Palavras que morreram presas na minha garganta. Você me deixou sozinho, à procura de motivos e sentidos para o fim. Me deixou revivendo momentos que nunca mais voltariam. Me deixou na porta da esperança, vivendo a expectativa de que talvez você fosse voltar, nem que somente para se despedir. Só que você não voltou.

Não posso mais continuar amando a sua memória, nem posso ficar preso a um amor que não escolheu ficar. Não sei as razões que te fizeram seguir. Porém reconheço a minha necessidade de seguir também. Eu preciso seguir adiante, pois há muita história para além de você. Há muito amor para além do amor que você não pode mais dar. E é rumo ao encontro desse amor que eu vou. Não espero mais de você retornos nem explicações. Não espero mais desculpas nem arrependimentos. Não espero mais um adeus que a sua ausência me deu de maneira muito mais forte do que as suas palavras jamais seriam capazes de expressar.

Finalmente estou pronto para deixar você no passado e seguir em frente para viver e honrar a minha história. Você fez parte do caminho, mas você não é o meu caminho. E hoje me despeço de você. Das vivências que tivemos, do amor que em algum momento compartilhamos, dos sonhos que morreram sem nunca realizarmos e das dores que ficaram. Eu me despeço de tudo que me prendia a você e a essa história que já chegou ao final.

Você nunca me disse adeus, então agora eu digo por nós dois.

Pois finais só acontecem quando temos a coragem de aceitá-los.

POIS FINAIS SÓ
ACONTECEM
QUANDO TEMOS
*a coragem de
aceitá-los.*

AOS AMORES QUE PERMANECERAM UM ETERNO "E SE?"

Alguns amores permanecerão um eterno "e se?", e eu sei que eles nasceram para ser apenas isto: possibilidades, e não realidades. Às vezes, imaginarei o que poderiam ter sido. Porém, não me prenderei a eles. Não viverei das possibilidades não abraçadas. Viverei da vida que tenho, daquilo que escolhi e do que a vida me proporcionou viver.

Todo amor que acabou, ou que nem começou, deixa um eterno "e se?".

O que teria acontecido se tivéssemos vivido os amores que não vivemos?

E se os caminhos tivessem se cruzado, e se as jornadas seguissem para a mesma direção, e se o sentimento fosse recíproco, e se as circunstâncias fossem favoráveis? E se tudo tivesse conspirado a favor, o que teria sido desses amores?

A verdade é que não se pode experimentar todas as escolhas, viver todas as vidas, nem vivenciar todos os amores. Muitos ficam para trás (ou dentro de nós).

Permanecem apenas no campo das hipóteses, como uma eterna pergunta pairando no ar.

E se...?

O "e se", se não for bem administrado, pode te assombrar pela vida toda. Pode te fazer crer que você viveu a vida errada, que não está no lugar certo, que devia estar vivendo outras experiências, com outra pessoa em outra existência. Ele te esmaga sob o peso da culpa e do arrependimento, te faz acreditar que você assassinou a vida que poderia ter vivido e a felicidade que havia nela. Ou te faz pensar que perdeu algo irrecuperável, que deixou escorrer por entre seus dedos o amor e que agora nunca o recuperará de novo, pois a chance foi perdida.

O "e se" pode ser cruel e injusto. Como se fosse possível saber sempre antecipadamente qual a melhor escolha. Como se fosse possível que no passado tivéssemos a mesma consciência que temos hoje. Como se fosse possível ter em nossas mãos o controle de tudo, quando a grande verdade é que não temos controle de quase nada, que nem sempre temos o poder de escolher, e que mesmo quando escolhemos não conseguimos prever até onde essa escolha nos levará. No fundo, toda escolha é uma aposta, e não dá para viver uma vida se lamentando pelas escolhas em apostas perdidas. Pois, no fundo, cada uma dessas apostas é também um ganho, mesmo que seja na experiência que elas nos proporcionaram.

Mesmo assim nossa imaginação é insistente. E ela sempre fantasiará com as vidas não vividas.

Por isso, sempre haverá amores que permanecerão um eterno "e se"...

E se essa pessoa tivesse ficado?
E se essa pessoa tivesse me amado?
E se tivéssemos tentado?
E se tivéssemos dado uma nova chance?
E se eu tivesse insistido um pouco mais?
E se eu tivesse falado o que sentia?
E se eu tivesse te escolhido?
E se eu tivesse sido o escolhido?
E se não tivéssemos tido medo de amar?
E se...?
Como seria a nossa vida agora?

Talvez esses amores sejam vividos em universos paralelos, onde temos a oportunidade de fazer escolhas diferentes daquelas que fizemos nesta existência. Ou talvez tenham se perdido na oportunidade que se foi e na realidade que não se fez. Ou, quem sabe ainda, sejam amores para outras vidas.

É preciso ter cuidado com a sedução dos amores não vividos. Eles sempre terão um charme próprio que os caracteriza. Como uma épica, ou trágica, história de amor que no seu cerne ainda esconderia um "felizes para sempre".

Não podemos descobrir finais para histórias não escritas. Podemos, no máximo, cogitá-los. Talvez fôssemos mais felizes do que somos, ou talvez mais tristes do que imaginamos. Somos sempre assombrados pelo peso das escolhas que fazemos e daquelas de que abrimos mão. Só que chega um momento na vida em que precisamos ficar em paz com nossas escolhas e com as possibilidades que a própria existência nos deu. Que precisamos fazer as pazes com a vida que vivemos e parar de compará-la com a vida que achamos que poderíamos estar levando. Prefiro acreditar que tudo foi como pôde ser. E que, de alguma forma, na sua singular imperfeição, tudo ainda está certo do jeito que está, e mesmo o que foi difícil veio para nos ensinar. <u>Não existe a vida perfeita, mas existe a vida possível.</u> Não se pode voltar atrás e refazer escolhas, mas se pode fazer novas escolhas agora e se libertar de tudo que não é amor, para, assim, viver as histórias de amor que merecemos, mesmo que não sejam as mesmas de ontem.

Alguns amores permanecerão um eterno "e se?", e eu sei que eles nasceram para ser apenas isto: possibilidades, e não realidades. Às vezes, imaginarei o que poderiam ter sido. Porém, não me prenderei a eles. Não viverei das possibilidades não abraçadas. Viverei da vida que tenho, daquilo que escolhi e do que a vida me proporcionou viver.

Mais do que aquilo que os amores poderiam ser, eu me interesso pelo que o amor é para mim hoje. E ele não é algo que pode ficar apenas no mundo das ideias. Por isso, meu maior compromisso é ser real, verdadeiro com meus sentimentos, presente a cada instante e fiel ao que sinto. Meu compromisso é me amar e amar intensamente. Para que no futuro não tenha que perguntar: "e se tivesse amado mais?".

AOS AMORES QUE TIVE QUE DEIXAR IR

É bom ter alguém do nosso lado, mas só se essa presença se sentir confortável em permanecer, se o seu repouso em nossa companhia for natural e fizer sentido. Do contrário, é melhor deixar que voe. Para o bem do outro e, acima de tudo, do nosso próprio coração. Pois o amor deve ser asas, não gaiolas. Amor puro é aquele que respeita o voo do outro, mesmo quando não é junto ao nosso.

Lembro que uma vez, quando era criança, encontrei no quintal um pássaro com a asa ferida. Por algum motivo, ele tinha se machucado e não conseguia levantar voo. Mostrei o pássaro para minha mãe e passamos a cuidar dele. Alimentamos o bichinho, cuidamos da sua asa ferida e por diversos dias foi uma alegria imensa poder cuidar daquele frágil animal e lhe dar um pouco do meu afeto. Naqueles dias, enquanto tomava conta dele, eu lhe fazia carinho, contava minhas histórias, e estabeleci com ele um vínculo que durou até que sua asa sarou, e ele ganhou os ares para não voltar mais. Lembro que chorei muito naquele dia, e antes de dormir minha mãe me falou: "Eu sei que você queria muito que ele ficasse, mas ele está mais feliz voando pelo céu. Quem ama não pode pensar só na própria felicidade. Quem ama quer também ver o outro feliz".

Nesse dia, aprendi um pouco sobre a importância de deixar ir. Pássaros não foram feitos para viver presos em gaiolas. Nem o amor.

A gente costuma crescer acreditando que amor é estar perto. Confundimos, facilmente, amor com posse, e daí surgem tantos conflitos e feridas. Parece contraditório dizer que o amor tem a ver com soltar. Quem nunca ouviu aquela frase: "Se você ama alguém, deixe-o livre"? A verdade é que ninguém quer deixar o outro livre. A gente teme a liberdade. Temos medo de que o outro em sua liberdade escolha partir. Mas qual é o sentido de tentar manter perto quem não quer ficar? Sem um pouco de consciência, é fácil confundir o amor com tudo, menos com o que ele realmente é.

É preciso lembrar três fundamentos importantes das relações saudáveis: o amor é espontâneo, reciprocidade não se cobra, não se força ninguém a ficar.

Essas foram três regras que eu aprendi a repetir para mim mesmo, para tentar viver um amor um pouco mais real. Foi assim que eu entendi que o amor também é deixar ir.

<u>Deixar alguém ir não é desistir do amor, é desistir de sofrer insistindo pela permanência de quem não deseja ficar.</u> Insistir no amor não é forçar relações. Insistir no amor é não desistir de alguém nos primeiros desafios. É dialogar, ajustar o que é necessário, buscando um ponto de equilíbrio para ambos. É trabalhar junto. É bem diferente da romantização da insistência. Da insistência de quem

não quer deixar de bater em portas que não se abrem. De quem não aceita soltar quem decidiu seguir. De quem não quer enxergar que talvez a pessoa nem esteja mais ali.

A gente pode querer muito continuar com alguém. Só que apenas o querer não é o bastante. Apenas o amar não é suficiente. Não vale tudo para se estar com alguém, porque nenhuma pessoa vale o nosso equilíbrio, a nossa saúde mental, a nossa paz. Se temos que abrir mão de tudo isso para estar com alguém, qual é o propósito de estar com essa pessoa?

Curiosamente, o primeiro sinal de que devemos deixar alguém ir surge no instante em que começamos a insistir demais para essa pessoa ficar. Não é necessário convencer ninguém a ficar. Fica quem pode e quer. <u>O amor se constrói na liberdade das escolhas.</u> Amar também é deixar ir, é saber desistir, é compreender quando os caminhos são diferentes. Porque o amor de verdade quer o bem, não apenas a posse. É bom ter alguém do nosso lado, mas só se essa presença se sentir confortável em permanecer, se o seu repouso em nossa companhia for natural e fizer sentido. Do contrário, é melhor deixar que voe. Para o bem do outro e, acima de tudo, do nosso próprio coração. Pois o amor deve ser asas, não gaiolas. Amor puro é aquele que respeita o voo do outro, mesmo quando não é junto ao nosso.

Deixar o outro voar nem sempre é fácil, mas é melhor do que forjar algemas e chamá-las de amor. Um sentimento que aprisiona o outro acaba por aprisionar a si mesmo, impede de viver algo real. O amor precisa ser leve, respeitoso, livre, natural; só assim que ele é real e vale a pena. Ele não necessita de argumentos. Ele sempre requer trabalho, porém jamais deve desgastar o coração. Ele não pode ser grade. Deve ser vento forte, brisa pura que impulsiona o voar a dois. Afinal, amor não é ter que convencer alguém a permanecer. Amor é quando alguém, na sua liberdade, escolhe ficar.

Foi assim que aceitei deixar você ir. Não que eu tivesse outra escolha. A real escolha nunca foi entre manter você em minha vida ou não. Mas entre aceitar a partida e me curar aos poucos, ou permanecer insistindo em algo que só me faria sofrer. Por mais que a gente escolha insistir, chega uma hora que o coração cansa, e a gente deixa ir.

Aos poucos aceitamos que a vida segue em frente. Que pessoas se vão mesmo que sentimentos continuem. Porque deixar alguém ir nem sempre é deixar ir o que você sente por essa pessoa. O desapegar se dá em camadas. Primeiro sai da vida para, depois, sair do coração. Uma pessoa pode sair da sua vida em um dia, sentimentos são mais complexos: eles podem ficar anos com você. Uma vida inteira, se não tiver cuidado. Pessoas podem sair de nossa vida sem se despedir. Sentimentos geralmente vão embora a conta-gotas. Podem ir mesmo com a pessoa estando com a gente, quando ela não alimenta mais aquilo que fez nascer. Mas o mais difícil é esvaziar o sentimento que fica por aqueles que já se foram, quando, na verdade, a gente queria que eles ficassem.

Quando deixamos alguém ir, sentimos que também deixamos ir parte de nós. Deixamos ir todos os sonhos e esperanças que tivemos com essa pessoa.

Mas, sabe, o que eu aprendi deixando você ir é que a vida continua, mesmo que algumas pessoas não fiquem.

Aprendi que novas pessoas aparecem e que soltar aquilo que nos angustia dói muito menos do que tentar segurar algo que tenho que fazer tanta força para manter.

Deixar você ir não foi uma escolha, foi uma aceitação. Um admitir que não havia mais jeito e um aceitar que nem tudo que a gente quer é realmente bom para nós. Deixar você ir me ensinou a respeitar as escolhas de cada um, a entender que ninguém deve ficar em espaços que não se sente bem apenas para fazer alguém feliz ou alimentar um sonho que foi sonhado muito tempo antes e que agora não tem sentido de ser.

Deixar você ir me ensinou a ser mais maduro, a perceber que o amor só existe se houver a liberdade de escolha. Você escolheu ir, e eu respeito isso. E aprendendo a respeitar sua escolha aprendi a respeitar mais a mim, a não mendigar afeto, a não me prender apenas ao passado e a compreender que pessoas podem, sim, escolher ir, e isso não diminui nosso valor nem nossa capacidade de ser feliz no amor. Até porque ninguém precisa ter alguém do lado para ser feliz. A gente pode deixar o outro ir, só não pode deixar que nosso amor por nós se vá também por isso.

Que você seja feliz nos voos que escolheu alçar.

Fico feliz em ver você voar.

De minha parte, apenas prosseguirei, porque não ficarei preso pelas grades do passado. Meu amor é grande demais para ficar trancado ou para trancar alguém. Deixar você ir foi o que eu precisava para entender que também fui feito para ganhar o céu e, quem sabe, encontrar pelo caminho um outro alguém que, em sua liberdade, escolha voar ao meu lado.

AOS AMORES QUE SEMPRE FORAM IMPOSSÍVEIS

Há muitos amores possíveis para além de alguém que não é realmente a pessoa que vai acolher nosso coração e cuidar bem dele.

Cansei de insistir nos amores que não são pra mim.
Cansei de lutar por amores impossíveis.
Cansei de tentar escrever histórias que não foram feitas para ser, versos que não rimam, finais que nunca são felizes.
Por que insisto em amar o impossível, quando sei que jamais poderei alcançá-lo?
Amar pessoas impossíveis talvez seja um jeito de dizer que busco o amor enquanto, no fundo, não acredito que sou suficiente para ser amado. Enquanto fujo da verdadeira experiência de amar.
Não é que realmente exista alguém inatingível, alguém que seja tão mais do que eu que meu amor não possa alcançar. No amor, todos estamos na horizontal. O amor não classifica ninguém. A questão é que algumas pessoas estão além da possibilidade de se tornarem uma experiência viável e feliz. Faltam elementos que o tornem real ou,

quem sabe, verdadeiramente saudável. Seja pela falta de reciprocidade, pela indisponibilidade ou pelos elementos fundamentais que tornem essa união palpável.

Amar amores impossíveis é insistir em um amor que já deu sua negativa. É continuar negando os sinais que apontam que o caminho da realização afetiva não é por ali. Que essa pessoa não conduz pela estrada dos amores possíveis e realizadores.

Quando se ama para além da zona do possível, a pessoa não ama, se ilude. É fato que é absolutamente comum amar alguém inviável. Quem nunca teve um amor irrealizável? Nossos primeiros amores geralmente são os impossíveis. Um amor platônico, um amor que não era correspondido, um amor que a gente sabia que nunca seria. Geralmente, essa é a nossa primeira desilusão. O primeiro contato com o amor e o primeiro encontro com o coração partido.

É importante ter esse encontro também. Precisamos passar pela desilusão. Sentir o gosto amargo de uma rejeição para exercitar o nosso poder de superação, encontrar o amor por si e ver que existe afeto para além das decepções. Só não podemos estacionar na dor. Esse costuma ser o amor adolescente, imaturo, que nos prepara para as relações reais, mas não nos livra de esbarrar nos amores impossíveis ao longo da vida. Eles são comuns de ocorrer, não exatamente imaturos. Só que demandam um olhar cuidadoso, para não acreditar que um amor impossível é o amor da nossa vida.

Devo dizer que já me agarrei a esses amores mais do que gostaria. De que sempre tive uma queda pelos amores irrealizáveis. Que sempre me vi me apegando fácil a pessoas impossíveis. Mas amores impossíveis doem. E quanto mais os temos e mais os alimentamos, mais nos machucamos.

Talvez meu medo de ser amado de verdade tenha me levado até eles. Meu medo de encontrar alguém possível, que invadisse minha intimidade, que despisse minha armadura, que abraçasse minha vulnerabilidade, que visse minhas emoções nuas tal como são. Medo de conhecer um amor real que pudesse chegar e partir. Medo de confrontar meus próprios medos e a ideia de que nunca poderia ser realmente amado. Acho que essa mania de amar pessoas que nunca me amariam era um jeito de fugir do verdadeiro encontro com o amor. Porque ele me apavorava. Porque a ideia de ser amado por alguém, de me ligar de verdade a uma pessoa e fazer essa pessoa ocupar um lugar tão importante em minha vida me assustava profundamente.

Amar alguém que fosse impossível para mim era um jeito de manter o amor distante. Era um jeito de prever um fim que eu sabia já estar escrito. Ter certo controle sobre a vida, sobre os finais e sobre meus sentimentos, mesmo que eu fingisse que não. Mesmo que eu fingisse que a vida era a grande vilã, que as coisas nunca davam certo para mim. E tudo sem admitir que eu sabotava minha própria existência e me fechava para a possibilidade de amar e ser amado.

Ninguém pode tornar o amor possível onde não há retorno, onde não se tem conexão, onde a tal pessoa amada não dá sinais de ser boa para nós. Insistir em situações assim é negar ver o que a vida tenta, de todos os modos, mostrar. E claro que enxergar isso pode ser frustrante, quando uma parte dentro de si ainda se ilude acreditando que é possível. Só que é preciso se encontrar com a dor para acordar e se libertar dessa crença. E mais que isso, se libertar dessa falsa ideia de que apenas através dessa tal pessoa que o amor é possível. Há muitos amores possíveis para além de alguém que não é realmente a pessoa que vai acolher nosso coração e cuidar bem dele.

Quando me dei conta disso, comecei a fazer as pazes com a minha própria afetividade. Pude fazer as pazes com a vida e com todos os amores impossíveis que já amei. Passei muito tempo os culpando por uma impossibilidade que não era responsabilidade de ninguém. Como poderia culpá-los por algo que não estava ao alcance deles? Como poderia culpar a vida por me apegar a fantasias e situações que eu desenhava sozinho em minha mente? Como eu poderia declarar que não era amado quando todas as vezes que o amor possível batia em minha porta eu a fechava para ele?

Eu assumi a minha parcela de responsabilidade nisso. Porque percebi que já não aguentava mais tentar seguir por caminhos que não eram meus e jamais encontrar a felicidade que era minha.

Cansei dos amores impossíveis. Cansei de lutar. Cansei de fingir que não vejo. Cansei de amar o inatingível. Cansei de viver de ilusões para fugir da experiência de me entregar e sentir de verdade. Eu quero derrubar essa armadura. Quero tocar o amor com a ponta dos meus dedos. Fazer dele algo tangível, possível, alcançável. Fazer dele amor. Quero beber das fontes de afeto, quero aquecer minha alma no calor que só o amor propicia, quero caminhar nas terras onde a reciprocidade se encontra. Quero habitar os lugares onde também me faço visível ao amor e que ele se torna real para mim. Quero quem me faz bem, quem está disposto, entregue, comprometido e presente. Cansei de tentar amores impossíveis que nada mais eram do que jornadas que não me pertenciam. Quero viver do amor real, mergulhar nas infinitas possibilidades de afeto e ter o prazer de ver aonde elas me levarão.

AOS AMORES DOS QUAIS EU ACREDITAVA DEPENDER PARA SER FELIZ

Demorei a entender que ninguém depende de ninguém para ser feliz. Que a felicidade não está no outro, e sim dentro de mim. Que ninguém chegaria à minha vida para me salvar e, mais que isso, que eu não precisava ser salvo de nada. Demorei a compreender que o fato de poder amar alguém e ser amado por essa pessoa não resolveria todos os problemas da minha existência. E, no dia que compreendi isso, nunca mais fiz do amor uma prisão.

Ainda me lembro de quando minha vida se resumia a você.

Das vezes em que me angustiava por cada demora sua em responder uma mensagem, das vezes que interpretei cada impossibilidade sua em fazer algo como rejeição a mim, das vezes em que me desesperei por imaginar a vida sem você, alguém que achei que não poderia viver sem. Do quanto sentia necessidade do seu olhar, da sua atenção e do seu afeto em cada momento para que eu me sentisse bem, embora nunca fosse suficiente para mim. Eu sempre precisava de mais. Eu sempre precisava de você. Precisava em doses cada vez mais frequentes para me "sentir feliz" e me afligia a cada ausência sua, como uma droga da qual passei a depender para viver.

Eu me fiz prisioneiro de você sem perceber, coloquei a chave da cela em suas mãos e chamei isso de amor. Talvez tenha sido em algum momento, só que quando se ama o outro e se esquece de amar a si mesmo, a gente faz a própria relação desmoronar, como um prédio que tenta se manter em um único pilar. O dependente afetivo é, ao mesmo tempo, vítima e vilão. Não do outro. De si mesmo. Faz do relacionamento um território cercado pelo medo. Do medo do abandono, da partida, da solidão. E acaba com isso abandonando a si mesmo e afugentando o amor.

Nesse medo de perder, eu fazia de nós reféns. Você de mim, e eu da minha própria insegurança, que distorcia cada atitude sua e enxergava nela sempre o pior, sempre um sinal de desamor e de uma possível partida.

Nesse cenário, o ciúme era subproduto do medo e da insegurança, sempre pronto a tentar te prender a mim e a espantar qualquer ameaça. Quando, na verdade, o principal elemento a se temer não estava fora, mas dentro. Não vinha do outro, vinha de mim. A dependência criava essa necessidade tão grande de você que tudo virava uma ameaça, e nada era suficiente para dar a certeza de que você ficaria. Naquele momento, era impensável para mim a possibilidade de você não ficar, porque você ficar era sinônimo de felicidade, mesmo na cruel contradição de que eu não estava realmente feliz. Pois ninguém é feliz se sentindo inseguro a todo instante.

O que era amor se tornou praticamente obsessão. Um desejo inconsciente de me fundir a você. De ter você como posse, para que ninguém pudesse te tirar de mim. E nessa atitude equivocada e impossível morreu a liberdade e, por consequência, o afeto, pois o amor só floresce onde ele pode ser livre para crescer.

Quando você partiu, eu senti como se o chão fugisse dos meus pés, como se a vida perdesse a cor e não tivesse mais sentido, como se não tivesse mais uma direção a seguir. E claro que naquele momento não havia. Eu tinha feito de você o centro da minha vida, e quando você se foi, toda minha existência entrou em colapso.

Eu esqueci que pessoas podem fazer parte da minha vida e não ser a razão dela, e que a única pessoa que deveria estar no centro da minha existência era eu. Esqueci que o relacionamento é importante, só que não o mais importante. Esqueci que ele não deve ser o único elemento a gravitar em torno do sentido da minha vida.

Demorei a entender que ninguém depende de ninguém para ser feliz. Que a felicidade não está no outro, e sim dentro de mim. Que ninguém chegaria à minha vida para me salvar e, mais que isso, que eu não precisava ser salvo de nada. Demorei a compreender que o fato de poder amar alguém e ser amado por essa pessoa não resolveria todos os problemas da minha existência. E, no dia que compreendi isso, nunca mais fiz do amor uma prisão.

É claro que somos seres sociais e precisamos de pessoas, de grupos, de redes de apoio que nos auxiliem em momentos difíceis e nos ajudem a crescer. Embora precisemos de momentos de solidão, ninguém vive sozinho. Ninguém é autossuficiente a ponto de não precisar do outro em algum momento, e isso não quer dizer que só podemos encontrar a felicidade em um relacionamento, longe disso. Quer dizer que gente precisa de gente. Que crescemos nas trocas, e que é importante termos contatos saudáveis que colaborem com nossa evolução, seja no trabalho, no âmbito familiar, na vida pessoal ou amorosa. Mas ninguém depende exclusivamente de alguém para ser feliz, como se o Universo tivesse escondido dentro dessa pessoa a chave da nossa realização e a tornado a única via possível de felicidade.

É por isso que hoje costumo dizer que não nos apegamos a pessoas, nos apegamos às ideias que fazemos delas. Quanto mais eu alimento a ideia de que preciso do outro e que só com ele estarei completo, mais me torno dependente dessa pessoa. Só que toda dependência esconde algo mais. Toda dependência traz consigo uma visão deturpada de mim mesmo. Por isso, poder-se-ia dizer que a dependência é sempre filha de uma autoestima muito baixa. Produto da falta de amor por si.

Quando não me amo corretamente e não me creio suficiente, desenvolvo a ideia de que preciso de alguém para ter valor. É por isso que só se supera a dependência quando antes de me apaixonar pelo outro eu me apaixono por mim. E não é fácil esse processo de voltar a se amar ou de despertar um amor por si mesmo que talvez nunca tenha existido antes. Ele não vem do nada. Vem de uma profunda jornada dentro de si mesmo, uma jornada de reconhecimento do próprio valor e do acolhimento de cada parte de nossa alma. <u>Amar a si mesmo exige esforço e dá trabalho. Mas é o trabalho que liberta e prepara para relações melhores e mais equilibradas.</u>

E foi nesse trabalho interior que percebi que toda dependência era, na verdade, a busca por uma autoafirmação. Não era uma vivência de amor. Era a busca por encontrar alguém que servisse para tentar calar essa velha voz que me dizia que eu não era suficiente, e que preenchesse esse vazio de amor que habitava dentro de mim. Depois de um tempo, aprendi que esse tipo de vazio apenas o amor-próprio pode preencher, pois nem o melhor dos amores substitui a nossa necessidade de nos amarmos, ele apenas o complementa.

O dependente constrói uma armadilha para si mesmo. Muitas vezes, nega aspectos tóxicos da relação. Camufla os traços negativos do outro, pois tamanha é sua dependência que, muitas vezes, nem a dor o afasta dali. E na sua insegurança pode se tornar presa fácil para manipuladores que se aproveitam dessa fragilidade emocional. Que cometem abusos na certeza de que o outro jamais partirá. Este é o risco de quem não se ama: achar que precisa do outro a qualquer custo para se sentir completo. E romper essa dependência requer a ousadia e a força para se amar e reconstruir essa autoestima tão debilitada.

Mais do que amar você, no fundo eu acreditava que você podia me completar. Que podia preencher todos os meus vazios interiores e compensar toda a minha falta de afeto por mim mesmo. Só que esse não era o seu papel. Ninguém vem para fazer pelo outro aquilo que ele não faz por si. Ninguém vem para fazer o outro feliz.

Todos que chegam, chegam para caminhar junto, e, nesse trabalho a dois, construir em parceria formas de serem mais felizes.

Quando entendi isso, descobri que posso amar sem depender. Que posso ter alguém em minha vida sem fazer dessa pessoa protagonista da minha existência. Descobri que alguém pode ser importante em minha vida, e que eu sobrevivo ainda que essa pessoa escolha ir, pois minha vida não é sobre ela, é sobre mim. Descobri a minha força, o meu amor por mim e que sou capaz de sobreviver a todas as partidas. Entendi, assim, que a vida não se resume a um relacionamento afetivo ou a uma pessoa específica, que a vida é sempre cheia de diversas nuances e que todas elas são importantes e contribuem para aquilo que chamamos de felicidade.

Hoje, não dependo mais de você. Não dependo mais de ninguém a não ser de mim. Mas aceito minha humanidade e minha necessidade de trocar afetos. Só que agora entendo que todo afeto real só existe na liberdade e na reciprocidade entre os seres, e que não há necessidade de ninguém ficar contra a sua vontade. Se vivíamos bem antes de conhecer alguém, por que não continuaríamos a viver caso essa pessoa parta? A dependência só se desfaz quando perdemos o medo de ficarmos sós e aprendemos a nos amar acima de todos os outros amores.

Hoje, te deixo partir. Não só da minha vida. Deixo você partir do meu coração. Abandono todos os apegos. <u>Só há um único amor de que dependo para ser feliz e do qual nunca abrirei mão: o próprio.</u>

AOS AMORES POR MEIO DOS QUAIS ENCONTREI UMA NOVA FORMA DE AMAR

Alguns amores não amaremos pela presença física. Não serão "o amor da nossa vida", não serão um dos amores que andará de mãos dadas conosco pelos caminhos da existência. Serão os amores que amaremos em forma de saudade, os amores que amaremos pelo que nos ensinaram, os amores que amaremos com um doce carinho pelo que um dia representaram para nós. E boa parte de nossa vida é isto: uma eterna ressignificação de afetos.

Há quem diga que só se ama uma vez. Há quem diga que só se ama de um jeito. Eu acredito que o amor tem a ver com as muitas formas que temos de amar.

O amor possui, sim, uma plasticidade. Nunca se ama duas pessoas do mesmo jeito e, não raro, acabamos amando a mesma pessoa de maneiras diferentes ao longo da vida. Às vezes, um amor intenso se torna brando. Um amor presente se torna um amor em forma de saudade. Um amor impossível se torna real. Um amor ilusório se desfaz. Um amor quase imperceptível se torna grande.

Por que os amores mudam? Talvez não mudem em si. Talvez o que mude seja a nossa visão, o nosso entendimento, e, por consequência, a nossa forma de amar.

Os amores se transformam na mesma medida que nós nos transformamos. Ao longo dos anos, amadurecemos (ou mudamos) nossa maneira de ver as pessoas e a vida. E por consequência lapidamos também o nosso modo de amar. E é nessa lapidação que nossos sentimentos se transmutam.

Por isso, pessoas que despertaram grandes sentimentos em uma fase da vida talvez não despertem mais em outra. Assim como muitas vezes esses sentimentos se transformam pouco a pouco, mas permanecem em sua essência. Como os amores que começam explosivos, depois passam a existir na doce serenidade que a maturidade traz.

E há ainda aqueles que somos obrigados a transformar, mesmo a contragosto. Quando a relação se encerra, quando o sentimento não é recíproco, quando alguém nos ama de uma forma diferente. Aí temos que tentar realocar nosso próprio sentimento, e encontrar uma nova forma de amar. Ou, em alguns casos, de deixar de amar.

Mesmo assim, acredito que os amores nunca nos deixam por completo, eles apenas se ressignificam.

Alguns amores não amaremos pela presença física. Não serão "o amor da nossa vida", não serão um dos amores que andará de mãos dadas conosco pelos caminhos da existência. Serão os amores que amaremos em forma de saudade, os amores que amaremos pelo que nos ensinaram, os amores que amaremos com um doce carinho pelo que um dia representaram para nós. E boa parte de nossa vida é isto: uma eterna ressignificação de afetos. Um ajuste de sentimentos frente ao que a realidade nos possibilita. Pois nem todas as pessoas serão para nós. Nem todas continuarão nos amando. Nem todas ficarão. Nem todas as histórias serão para sempre. Nem todas as pessoas continuarão despertando em nós o mesmo sentimento.

Ressignificar o sentimento é a saída para não sofrer, e isso não significa arrancar o sentimento do peito ou que ele pode ser mudado numa virada instantânea de chave. Significa que, aos poucos, com o auxílio de uma leitura mais consciente da vida, vamos aceitando a realidade das coisas, sem lutar contra ela.

É possível amar de outro jeito. O amor não se dá só em uma conotação romântica. O amor não precisa (nem deve) ser condicionado à ideia de posse, nem de um relacionamento. Também não precisa ser atrelado à ideia de ser para a vida toda ou de ser sempre do mesmo jeito. Embora muitos o sejam para a vida toda, e continuem do mesmo jeito, nem todos o serão.

Quantas dores e feridas não criamos por insistir em um amor engessado que não se adequa à realidade que vivemos? O amor é livre, fluido, adaptável. E isso não quer dizer que essa sua natureza justifique pessoas sem responsabilidade afetiva e relações líquidas. Significa entender que nem todos os amores são iguais. E, indo além, significa se perguntar: o que este amor representa para mim e como posso amar e vivê-lo dentro do que essa realidade me permite, sem me ferir ou brigar com a vida?

Alguns amores serão para a vida toda; outros, não.
Alguns amores nos amarão; outros, não.
Alguns amores serão românticos; outros, não.

Em alguns amores encontraremos outras formas de amar, ainda que não chamemos isso de amor.

E está tudo bem. O importante é entender que o amor se dá de muitas formas. E só não é amor quando machuca. Do contrário, dentro das infinitas formas das interações humanas, sempre encontraremos um espaço e um jeito para o amor que temos dentro de nós, pois sempre podemos encontrar uma nova maneira de amar. Nem que seja aquele amor desapegado, que deixa ir em gratidão àqueles que não eram para ficar.

AOS AMORES QUE ENCONTRARAM OUTRO ALGUÉM PARA AMAR

Nossa história havia acabado. Foi mais um capítulo do livro da vida e não o livro todo, como eu queria pensar. Foi uma trajetória bela em seus momentos bons, e importante em seus desafios. Ela teve começo e fim, e não seria justo de minha parte achar que, pelo passado, você não merecia aproveitar o presente. Que pelo amor que tivemos um dia, você não merecia amar de novo. Você merece, e eu também! O amor é imenso demais para a gente achar que ele deve ficar preso ao passado.

O que nos faz crer que somos insubstituíveis na vida de alguém?

Talvez as memórias compartilhadas ou as promessas trocadas. Talvez o nosso ego e sua imensa dificuldade em aceitar que não somos o centro do Universo e que nem tudo é sobre nós. Talvez simplesmente o fato de que mesmo que outras pessoas apareçam na vida de alguém, isso não destrói aquilo que um dia tivemos com aquele alguém.

A verdade é que, quando uma relação acaba, nós sabemos que em algum momento a pessoa que amamos vai encontrar outro alguém. A gente só não está preparado para esse dia.

Confesso que o maior choque foi quando eu vi a sua foto. Quando vi o seu sorriso. Não o sorriso falso que você usava socialmente para aparentar que estava bem quando, no fundo, não estava. Era o seu sorriso feliz. Era o seu sorriso largo, sem esforço, com seus olhos brilhando. Os olhos de quem estava de bem com a vida, de quem estava apaixonado. Só que, dessa vez, não era eu que estava ao seu lado. Nem era eu o motivo do seu sorriso.

Quando alguém que a gente ama encontra outra pessoa, no fundo a gente mantém a esperança de que seja algo apenas para suprir a nossa falta. Um jogo emocional. Apenas mais alguém para ocupar um espaço em sua vida quando, no fundo, o espaço em seu coração ainda nos pertence. Só mais uma pessoa com tempo de validade determinado, que jamais vai se comparar ao que tivemos, que jamais vai ser tão boa ou tão importante quanto fomos. Que jamais será "a" pessoa em sua vida.

Eu sempre quis acreditar que voltaríamos. Que poderiam passar várias pessoas por seu caminho e todas apenas serviriam para mostrar que você jamais encontraria alguém como eu. Que você jamais teria algo tão profundo e especial quanto aquilo que tivemos juntos. Eu não me preocupava muito com essas pessoas que apareceriam em sua vida enquanto estivéssemos separados. Eu tinha a certeza de que elas só serviriam para lhe mostrar o erro que foi você ter me deixado, e eu estaria pronto, esperando o dia em que você tivesse essa percepção, para perdoar você e aceitar você de novo em minha vida.

Mas você não voltou.

Os dias passavam, e eu esperava por notícias suas. Olhava o celular toda hora esperando alguma notificação com uma mensagem sua dizendo que sentia a minha falta. Vasculhava as redes sociais tentando encontrar alguma pista de por onde você andava e o que fazia. Ficava me perguntando quem eram os seus novos contatos, e se você pensava em mim enquanto estava com eles.

Então, em um momento despretensioso enquanto eu rolava o feed de uma rede social qualquer, vi a sua foto. Vi a sua companhia. Vi o seu sorriso. Vi o seu olhar. E tive a certeza de que aquela pessoa ao seu lado não era só mais alguém. Não era uma pessoa qualquer. Era alguém especial para você. Era alguém capaz de te fazer feliz, como um dia eu já havia feito. E eu soube naquele momento que você estava amando outra vez. Que a pessoa que eu ainda amava havia encontrado outro alguém para amar.

Aquela constatação foi como receber um soco no estômago.

Eu pensava que eu era o amor da sua vida.

O amor para *toda* a sua vida.

Quando, na verdade, eu estava virando o amor que havia passado por sua vida. O amor que você havia superado e deixado para trás.

É estranho ver a pessoa que você projetou que envelheceria ao seu lado amando outro alguém. Mais do que a sensação de perda, a gente sente que nosso lugar foi usurpado, que roubaram a nossa vida, o nosso futuro, a história que já havíamos escrito em nossa mente. Que roubaram o amor que nos pertencia.

E como dói sentir que a gente foi substituído. Como se fôssemos o protagonista de um filme ou uma peça e, no meio da apresentação, nos trocassem por outro ator. A gente perde a própria função e ainda é obrigado a ver outra pessoa assumir e brilhar no nosso lugar. Machuca perceber que roubaram o nosso "felizes para sempre".

Confesso que foi assim que eu me senti.

Só que a vida não tem script. A gente não sabe o que vai acontecer depois. As pessoas não seguem papéis e nem sempre terminamos essa jornada junto de quem imaginamos. A vida é cheia de chegadas e partidas e não temos lugar garantido do lado de ninguém. O que temos é uma jornada menor ou maior junto de uma pessoa. O que passamos nesse tempo é o que conta, mesmo que esse tempo um dia tenha um fim.

Mesmo tentando entender tudo isso, eu não estava preparado para ver outra pessoa ocupando um espaço que já foi meu. Pelo menos não tão cedo. Acho que eu esperava que ao menos, se não voltássemos, o meu coração já estivesse curado quando você encontrasse outro alguém. Eu esperava que se nossos caminhos não se cruzassem de novo, eu pudesse ver você feliz e ficar feliz também. Só que a realidade foi diferente. Eu não estava pronto para isso. Eu não estava maduro nem curado o suficiente.

É egoísmo se sentir assim com a felicidade do outro, eu sei. Porém como não se sentir assim quando se percebe que tudo em que acreditou não é verdade? Quando se percebe que não é o único na vida de outro? Quando se percebe que a pessoa que ama encontrou outro alguém para amar? Como é que devemos nos sentir quando entendemos que o coração do outro não nos pertence mais? A minha humanidade gritou mais alto. E doeu, doeu muito sentir o peso da verdade de que eu não era mais o amor da sua vida.

Você diria para ele o mesmo que disse para mim? Riria das mesmas piadas? Ouviria as mesmas músicas? Frequentaria os mesmos lugares? Escreveria para ele poemas da mesma maneira que um dia fez para mim?

Eu me comparava, e isso me consumia por dentro.

Tudo em que eu pensava era: como a felicidade de alguém pode me machucar tanto? Será que eu sou uma pessoa tão horrível por ficar mal ao ver alguém feliz?

No fundo, eu não me entristecia pela sua felicidade; eu chorava pelo desmoronar das minhas ilusões, da realidade que eu havia sonhado, das expectativas que eu havia criado e das quais agora eu via que precisava me despedir. Eu percebi que aquele era um fim diferente. Tínhamos colocado um fim na nossa relação, mas, naquele momento, eu precisava pôr um fim nas minhas esperanças.

Queria muito que esse processo tivesse sido fácil. O primeiro sentimento que vem à tona, depois da constatação de que, sim, alguém que nos amou muito pode amar outra pessoa, é a sensação de derrota. A gente se sente menos, se sente inferior, se sente deixado para trás, insuficiente. Parece que a outra pessoa reaprendeu a ser feliz, e que a gente estacionou no tempo.

Isso também foi um choque para mim. E me fez pensar em minha própria vida e no que eu vinha fazendo dela até então. Eu estava vivendo pelo passado que já não existia e por uma esperança que poderia nunca se concretizar. Apesar de você já ter partido, eu ainda vivia em função de ti. Eu perdia meu tempo admirando a sua vida como se estivesse olhando para uma vitrine e não vivia a minha.

Eu estava preso em uma ideia de exclusividade, fixado em uma única imagem de felicidade. E aí, durante todo esse tempo, eu não me abri para outras possibilidades. Precisei ver você feliz com outra pessoa, precisei passar pela dor para finalmente compreender que eu também poderia ser feliz com outro alguém.

Só que aí eu precisei entender que a vida não é uma competição. E que eu te superaria de verdade não só quando deixasse de te amar, mas principalmente depois que curasse meu ego ferido.

A vida não tem a ver com quem encontra alguém primeiro; quem está mais ou menos feliz. A definição de sucesso não se dá em quem está em uma relação em detrimento de quem não está. Ninguém está competindo com ninguém. A felicidade de um não diminui a felicidade do outro. Eu não precisava encontrar um novo amor porque você havia encontrado um. Eu só precisava não ficar mais preso a você e tornar a minha felicidade independente das suas ações ou escolhas. Resumindo, eu precisava seguir em frente.

Minhas definições de amor estavam sendo atualizadas. Eu estava um pouco decepcionado pela jornada do amor não ser como nos apresentam os contos de fadas. Estava triste por perceber que nem sempre as pessoas que amamos ficam conosco. Só que eu precisava entender que o fato de você estar com alguém não apagava nem diminuía aquilo que um dia tivemos. Foi real. E teve a sua validade. Para mim e para você. Nenhuma outra pessoa que chegasse depois na sua vida ou na minha poderia apagar o que tivemos. No entanto, meu desafio era saber o lugar daquela história. E não era no presente nem no futuro. Era no passado. <u>Honrar o que tivemos com alguém é ser grato pelo passado, mas não ficar preso nele.</u>

Foi pouco a pouco que entendi isso. E só comecei a assimilar melhor a situação quando, por fim, admiti a grande verdade: eu não tinha posse de você.

A posse é uma das coisas que a gente mais confunde com amor. Achamos que por amar alguém o outro passa a ser nosso. E esperamos que o outro nos deva algo, mesmo que não esteja mais conosco. Perceber que não possuímos quem achávamos possuir nos faz sentir raiva. Uma angústia por constatarmos que não temos o controle. E, por fim, impotência.

Sim, o outro pode seguir com a própria vida, fazer as próprias escolhas, ser feliz sem nos dever satisfação. É isso que aprendemos.

Se a princípio dói aprender que amar não tem a ver com possuir, essa percepção depois nos liberta. Porque entendemos que o amor não amarra ninguém, e que duas pessoas podem seguir caminhos diferentes, mesmo que um dia tenham vivido algo belo juntos.

Nossa história havia acabado. Foi mais um capítulo do livro da vida e não o livro todo, como eu queria pensar. Foi uma trajetória bela em seus momentos bons, e importante em seus desafios. Ela teve começo e fim, e não seria justo de minha parte achar que, pelo passado, você não merecia aproveitar o presente. Que pelo amor que tivemos um dia, você não merecia amar de novo. Você merece, e eu também! O amor é imenso demais para a gente achar que ele deve ficar preso ao passado.

Quem sabe um dia a gente se encontre por aí. Em um dia qualquer, em uma esquina como qualquer outra, ou num parque em uma tarde ensolarada onde você esteja caminhando de mãos dadas com o seu novo amor. Nesse dia, quero olhar para você e quero que quando você olhar para mim possa ver um sorriso em meu rosto e uma alegria genuína em meu olhar, uma alegria de quem te deseja o melhor. E, nesse momento, você saberá que nenhuma mágoa restou e que estou contente por saber que você encontrou o amor e é feliz com ele.

Aprendi com uma frase que há pessoas que são a viagem e não o destino. Talvez eu tenha sido uma ponte que o ajudou a conduzir ao seu destino. Agora eu preciso deixar você ir para seguir em frente e encontrar o amor ao qual pertenço. O destino que é meu. Um porto seguro para o meu coração. Mesmo que algumas histórias cheguem ao fim, todos merecem encontrar outro alguém para amar.

Talvez começar a me amar um pouco mais já seja um bom começo.

AOS AMORES QUE NÃO TIVERAM CORAGEM PARA AMAR

O amor dificilmente encontra aqueles que se fecham em suas armaduras ou que fogem da sua chegada. O amor encontra aqueles que têm a coragem de buscá-lo e de aceitá-lo mesmo quando não o estavam esperando.

Reza a lenda que o amor tem uma queda pelos corajosos, e é preciso muita coragem mesmo para amar. Para se permitir amar e se permitir viver o amor. É necessária muita coragem para correr o risco de ser rejeitado. E mais coragem ainda para correr o risco de ser aceito. Sim, pois se engana quem pensa que nosso maior medo é o medo da rejeição.

Muitas vezes nosso maior medo é o de dar certo. É de o sentimento ser recíproco, de ter que vivenciá-lo, de ter que se despir das armaduras interiores, ser vulnerável e trabalhar por esse sentimento. Fácil é amar, o desafio é sustentar esse amor.

Por isso, não te culpo por ter partido e não ter tido a coragem para amar. O amor é para todos. Só que nem todos estão prontos para o amor. E hoje eu entendo que você não estava.

Espero de coração que um dia você ainda vença seus medos, que cure as suas dores, que se resolva com os seus aspectos mal resolvidos, que supere os traumas de relações passadas para que, no momento em que o amor voltar a bater à sua porta, você tenha coragem para deixá-lo entrar e mostrar o que ele tem de melhor, para que você nunca mais volte a ter medo de amar.

Mas, hoje, entendo que eu não era essa pessoa em sua vida.

Quando alguém tem medo do amor, não há muito o que fazer. Às vezes, é possível ter paciência para tirar pouco a pouco cada receio e insegurança. Porém, não se pode obrigar ninguém a se aventurar nessa jornada do amor. Cada um tem seu tempo e sua liberdade de escolher quando entender que chegou a hora. Ninguém precisa se apressar. Mas, se quer um conselho meu, lembre-se de que a gente nunca se sente completamente pronto. Sempre haverá o medo de se ferir de novo, a dúvida sobre o futuro, o frio na barriga. Só que essas coisas fazem parte do amor.

<u>Amar é ter o ato de coragem de tentar de novo.</u> Então saiba que por mais que você sinta medo, em alguns momentos terá que ir mesmo assim. E, creia, pode valer muito a pena, desde que você leve consigo o amor-próprio e uma boa dose de maturidade emocional.

Sempre haverá um certo risco de nos ferirmos. Uma certa incerteza. Não exatamente do outro e do que sentimos por ele, mas da nossa capacidade de merecermos o amor. Pois quando se tem o coração partido muitas vezes, a gente se questiona se merece viver um amor bom. Mas saiba:

todos merecem. Só que há um preço para vivê-lo, e esse preço é a coragem de se arriscar.

    Eu gostaria de ter lhe propiciado esta coragem: a coragem de amar. De ter lhe provido a força necessária para dar esse salto e viver as doces aventuras que só o amor pode propiciar. Só que isso é algo que não se pode dar ao outro. Podemos estar do lado. Ser a mão que se entrelaça à outra. Ser o abraço que envolve e conforta. Ser o olhar que sustenta e apoia. Ser a voz que incentiva e que também silencia e compreende quando necessário. Ser a torcida. Ser o entendimento. Ser a paciência. Ser o apoio. Pois de tudo isso o amor se compõe. Só o que não se pode é assumir o lugar do outro nem fazer por ele. E apesar de estar do seu lado e de desejar saltar com você, eu não pude fazer isso no seu lugar.

    Eu não te condeno, nem guardo mágoas por isso. Lamento, em certa medida, pela oportunidade que foi perdida, só que o amor precisa de um terreno fértil e preparado para poder ser plantado e crescer, e o seu coração não estava pronto. Espero que um dia você o deixe pronto para alguém. O amor dificilmente encontra aqueles que se fecham em suas armaduras ou que fogem da sua chegada. O amor encontra aqueles que têm a coragem de buscá-lo e de aceitá-lo mesmo quando não o estavam esperando. E talvez no amor a regra seja mesmo os desencontros, não os encontros. Porém há tantos encontros por aí. E quando eles acontecem, transformam vidas. É nisso em que confio e em que continuarei confiando. Respeito o seu medo de amar, mas, quando se tratar de amor, a coragem sempre será meu guia.

Tão perigoso é amar
E correr o risco de conhecer os próprios abismos
Tornar-se vulnerável diante do outro
Nu de alma
Com o coração exposto.

Tão perigoso é amar
Viver na corda bamba dos sentimentos
Entre o acolhimento e a rejeição.

Tão perigoso é amar
Se arriscar mais uma vez
E viver no imprevisível.

Mas Deus me livre de uma vida sem os perigos do amor
Uma vida pacata e sem sabor
Segura demais em si mesma
Presa às muralhas do medo
Restringida ao Eu
A um Eu que não transcende
Que se encerra em si mesmo
Que morre por falta de afeto.

Eu escolho viver os perigos do amor
A viver a falsa segurança de uma vida vazia de sentimento.

AOS AMORES NOS QUAIS INSISTI DEMAIS

Seguir em paz é saber que demos o nosso melhor. É aceitar os resultados. Em alguns momentos, vamos ter insistido mais do que devíamos. Mas está tudo bem. O importante é usar isso como lição para aprender a reconhecer os limites que jamais devem ser ultrapassados de novo. E qual é o limite da insistência? É quando dói.

Existe uma frase que diz que se a gente precisa insistir demais em algo é porque aquilo não é para nós.

Penso que devemos insistir naquilo que amamos, principalmente quando se trata dos nossos sonhos. Claro, tudo pede um certo discernimento, pois não se conseguem resultados diferentes com as mesmas atitudes. É preciso tentar, persistir, mudar se necessário, replanejar e dar o nosso melhor pelo que queremos. Insistir no que nos dá retorno e no que nos faz crescer. Insistir em nome daquilo que acende a nossa alma.

Mas quando se trata de pessoas, é preciso cautela. Insistir demais em portas fechadas é perder a oportunidade de encontrar e atravessar as portas que são nossas. Da mesma maneira, insistir demais na pessoa errada é perder um tempo que poderia ser usado para o encontro com a pessoa certa.

A gente só deve insistir em quem também insiste na gente.

Não existe um roteiro ideal nem uma receita a seguir. Alguns amores só fluem depois de algumas tentativas, depois que o escudo é quebrado, depois que o coração amolece, depois que o sentimento é plantado e regado como uma semente que de repente começa a germinar. Uma dose de insistência pode revelar o tamanho do interesse, a força de um possível compromisso e também fazer alguém se sentir amado. Porém, tudo na vida precisa ser dosado. Quando se passa da medida certa, o que é remédio passa a fazer mal.

Por isso, insistência só faz sentido quando os resultados se revelam. Como se fosse um trabalho que pouco a pouco vai tomando forma. Do contrário, precisar insistir para ser amado, ser respeitado, ser valorizado é negar a realidade e mergulhar cada vez mais fundo em águas que afogam a autoestima.

Precisar insistir demais em alguém que não nos corresponde não é romântico, é abusivo. Trabalhar sozinho para ter o afeto de alguém é perder o afeto por si mesmo. E a grande verdade é que se a gente precisa insistir demais em alguém para essa pessoa ficar ou nos dar o mínimo de afeto, essa pessoa não é a certa.

Um dia a gente aprende isso – geralmente da pior maneira. Depois de ter insistido muito e percebido que o amor não se desperta pelo cansaço e que, por mais que a gente queira, não podemos obrigar ninguém a mudar. É claro que ninguém é culpado por não amar o outro. O amor é um sentimento natural, não pode ser forçado. E por vezes temos que admitir que o engano foi somente nosso, por ter continuado a acreditar na possibilidade de um sentimento que nunca deu sinais reais de realmente existir.

E quem pode dizer que nunca amou sozinho ou que nunca amou por teimosia? O amor teimoso geralmente nada mais é do que ego ferido, que não aceita receber um não. É uma projeção de quem prefere a fantasia a ter que lidar com a dor da rejeição. Quem quer amar e ser amado de verdade precisa saber que nem sempre será amado de volta e que está tudo bem em não ser. Ninguém precisa ser amado por todo mundo, nem todos os amores serão recíprocos e isso não significa que não encontraremos um amor que seja.

Agora, insistir em amores que não fluem é remar contra a maré.

Insistir demais dói, machuca.

É triste tentar demais e não chegar a lugar nenhum. É triste ter que fazer por si e pelo outro. É triste tentar de todas as maneiras e chegar aos mesmos resultados frustrantes. É triste amar e não ser amado. Só que quanto mais a gente insiste em alguém que não nos quer, ou em pessoas que não trabalham juntas, mais a gente desiste de si mesmo.

Dói ligar e não ter retorno, chamar e não ser ouvido, repetir e não ser compreendido.

A insistência em demasia é sempre uma dose de rebeldia interna. Uma briga com a realidade. E essa briga nunca é iniciada pelo coração. Porque o coração é sábio. Ele jamais escolhe o outro em troca do nosso próprio bem-estar. Ele pode amar alguém, só que não negocia a nossa paz. Ouvir o coração é muito diferente de se deixar levar por emoções desenfreadas. O coração mostra a direção a seguir, e também nos adverte quando precisamos dar meia-volta ou desistir de algo ou de alguém. Quem briga, quem insiste, quem nega a realidade e quer impor a própria vontade é o ego. Essa nossa camada superficial que se apega às aparências. Que não aceita quando a vida é diferente das nossas vontades.

Parece coisa infantil isso de se apegar e não querer largar. Só que costumamos ser muito menos maduros do que imaginamos ser. E quando reconhecemos isso, damos um grande passo em direção à nossa libertação. Pois muitas vezes insistimos em alguém na esperança de que tudo ainda possa ser como imaginamos. Como aquele jogo em que tentamos encaixar a peça certa na forma que a corresponde. Se tentarmos encaixar o quadrado no lugar do triângulo, jamais teremos sucesso. Assim é quando tentamos encaixar nossa felicidade insistindo em pessoas erradas.

A pessoa errada é aquela que nos faz mal. Aquela que não permite um relacionamento que nos fortaleça e faça bem. E a gente só insiste em alguém assim quando se nega a ver quem essa pessoa realmente é. E não é difícil de perceber: está nas atitudes que ela tem e no relacionamento conturbado que criou.

Por isso que a gente só para de insistir no que não nos faz bem quando tem a humildade de soltar.

Afinal, desistir de algo e deixar ir pode nos dar uma espécie de sentimento de derrota no início. O ego sempre acredita que perdeu quando não consegue o que quer. Só que isso não é uma derrota. Ninguém perde por deixar ir o que faz mal e não dá certo.

E QUAL É O LIMITE DA INSISTÊNCIA?
É quando dói.

Dói ter que deixar ir. Principalmente se for alguém que já tem uma história antiga conosco. Porque abrir mão dessa pessoa pode significar colocar o fim em toda uma caminhada. E não é fácil olhar para trás, ver o quanto do caminho já foi percorrido, e perceber que a estrada terminou. Não é só o término de um relacionamento. É o término de uma história. Um fim do que foi e de tudo que poderia ser. E existe a dor de pensar que tudo está sendo jogado fora. E, nesse momento, é preciso compreender que uma história não se torna menor só porque chegou ao fim. E o fato de ter ficado muito tempo ao lado de alguém não pode ser a única razão para persistir em uma pessoa que já não faz mais bem como um dia fez.

Acredito que amores podem ser reciclados, renovados e recuperados. Não sou dos que pensam que se deve dizer adeus a alguém diante de qualquer desconforto. Só que desconfortos precisam ser resolvidos e não ignorados. É necessário maturidade para entender desafios naturais de uma relação e saber separar elementos que não devem ser aceitos daqueles que devem ser compreendidos. É fundamental trabalhar em conjunto para lapidar a relação e fazer dela uma obra que ambos apreciem dentro da individualidade que possuem e do amor mútuo que carregam. Do contrário, qual o sentido de insistir?

No ponto em que a insistência vira teimosia, em que se permanece mais pelo medo do que pelo afeto, em que o tentar acaba virando uma luta com a realidade, é hora de desistir. Às vezes ficam aquelas dúvidas: e se eu tivesse insistido um pouco mais, feito um pouco mais, tentado e esperado um pouco mais? Mas é necessário ter a consciência de que se você fez a sua parte, o resultado já não estava mais em suas mãos. Ninguém pode fazer por dois nem amar em dobro. Ninguém é responsável pela parte que cabia ao outro ter feito.

Seguir em paz é saber que demos o nosso melhor. É aceitar os resultados. Em alguns momentos, vamos ter insistido mais do que devíamos. Mas está tudo bem. O importante é usar isso como lição para aprender a reconhecer os limites que jamais devem ser ultrapassados de novo. E qual é o limite da insistência? É quando dói. Se toda essa insistência estiver causando dor, é porque o coração está dizendo que chegou ao limite do que ele suporta passar.

Aprender isso é levar consigo uma preciosa lição. E, mesmo que fique uma sensação de tempo perdido pelos amores em que insistimos demais, que possamos aprender a enxergar isso como um exercício para despertar nosso amor-próprio. Nenhuma experiência é realmente perdida quando se aprende com ela.

Porque a verdade é que todos nós já insistimos demais em amores que não eram realmente amor. Mas não há razão para culpa. Mesmo essas insistências nos ensinaram muito sobre até que ponto insistir e a hora de soltar. O mais importante é que a gente passe a insistir mais naquilo que nos acrescenta e aprenda a se despedir de tudo que é preciso forçar demais para permanecer, principalmente afetos.

Se há alguém em que vale a pena insistir é em nós mesmos. Na insistência da busca pela felicidade e pelo amor que nos pertence.

AOS BELOS AMORES QUE TERMINARAM

Guardo seu sentimento dentro de mim como quem cuida de algo sagrado. É um amor que não se apega à posse, que não se lastima pelo fim, que não espera pelo retorno, que não compete com outras pessoas, que não se dói pelo que viveu. É um amor puro, daqueles que faz sorrir o coração. Um amor que entende que a sua presença em meu caminho foi muito maior do que uma relação. Foi uma transformação.

Diz a sabedoria profunda do coração que belos amores nunca terminam, apenas se transformam dentro de nós.

A força do seu amor ainda carrego em mim. Não como correntes que me prendem ao passado, mas como asas que me conduzem a um futuro de infinitas possibilidades. O seu amor me despertou para minha própria capacidade de amar, me ajudou a curar as feridas que amores imaturos deixaram; me fez acreditar de novo que eu poderia ser amado.

Guardo seu sentimento dentro de mim como quem cuida de algo sagrado. É o eterno pulsar da gratidão por alguém que acordou o melhor de mim. Entendo que o que senti por ti é algo único. Nem pior nem melhor que os outros. Não é algo que ameace a chegada de novos amores, mas algo que transcendeu o nível mais comum e humano de amar. É um amor que não se apega à posse, que não se lastima pelo fim, que não espera pelo retorno, que não compete com outras pessoas, que não se dói pelo que viveu. É um amor puro, daqueles que faz sorrir o coração. Um amor que entende que a sua presença em meu caminho foi muito maior do que uma relação. Foi uma transformação. Existem amores assim, que são quase como amores espirituais. Eles transformam a alma, são como um divisor de águas em nossa existência, e nos fazem enxergar a vida com novos olhos. Eles mostram que nem todas as histórias precisam machucar e que nem todo fim precisa fazer sofrer.

Ser grato por alguém que passou por nossa vida é carregar essa pessoa conosco, no canto mais bonito do coração. Isso é compreender que amar não é sobre ficar, mas sobre sentir. É sobre o que esse sentimento faz com você, como ele muda você e como te ajuda a ser melhor.

Seu amor foi transformação, foi cura, foi revolução.

Foi um acalento para minha alma, o secar das lágrimas, o encontrar daquilo que ela tanto procurava.

Eu sei que você, enquanto pessoa, não ficou em minha vida. Só que o amor ficou. Permanece vivo. Não esse tipo de amor que me algema a você. O tipo de amor que inclusive foi além de você. O tipo de amor que faz crer no próprio amor. O tipo de amor que deu alegria de viver.

De alguma forma, o que tivemos foi em um nível tão especial que não sinto a necessidade de ter durado a vida toda. Ele durou o que durou. Durou o tempo que precisava. E exatamente isso fez dele o que ele é: um sentimento transcendente.

Mesmo os amores belos podem ter um fim. Foi isso que pude aprender com você.

Existe também beleza nos finais. Não só naqueles que foram felizes para sempre, mas naqueles que souberam ser felizes enquanto durou.

Fomos ensinados que tudo que acaba é triste. A questão é: por qual motivo um final precisa ser sinônimo de tristeza? Ou será que apenas as histórias difíceis podem trazer alegria quando acabam? O fim também torna algo único. Ajuda a dar o contorno que faz de algo uma vivência inesquecível. Traça o contraste entre o especial e o comum.

Você me ensinou que quando algo nos toca profundamente, esse algo sempre estará conosco. Porque nunca mais seremos os mesmos depois disso. Sempre carregaremos as marcas desse toque. E quando isso vem do belo, não há motivo para sentir tristeza simplesmente porque não continuou. A gente viveu isso. Sentiu. E é isso que importa. Não há duração, tempo ou permanência. E sim propósito e sentido. E quando algo tem um propósito tão belo, como o amor, só podemos nos sentir gratos por ele ter nos encontrado um dia.

Eu escolhi a gratidão pelo que tivemos; pois a simples lembrança que você deixou em meu caminho já é suficiente para me fazer sorrir. Apesar disso, não vou negar que já tentei entender o porquê a vida nos desenhou caminhos diferentes. Não é fácil dizer adeus a algo que amamos e nos fez tão bem. É mais fácil nos despedirmos do que faz mal. A gente sabe que não nos faz bem, e que, mesmo que queira o contrário, está se cuidando por se despedir daquilo. Porém, continua sendo desafiador. Alguém cuja conexão não se explica. Alguém que corresponde ao que sentimos. Às vezes parece que a vida é errada por afastar pessoas assim. Só que tenho para mim que tudo cumpre aquilo que foi feito para ser. Em alguns momentos, os caminhos vão ser diferentes, e nem por isso precisamos ser ingratos pelo tempo que a vida concedeu para que as estradas se cruzassem. Às vezes, esse simples encontro vale a vida toda.

Existe uma serenidade profunda que habita aqueles que sabem respeitar a natureza dos ciclos da vida. Naqueles que compreendem que algo pode, sim, acabar, e tudo bem por isso. Naqueles que sabem que mais vale um ciclo bem vivido do que viver a infelicidade de arrastar um ciclo que já se encerrou. Naqueles que entendem que cada experiência é única, e que se soubermos ser agradecidos por cada uma delas, a nossa jornada sempre será de luz e de intensa profundidade, pois cada vivência foi vivida com alma e coração.

Quando penso em você, penso na naturalidade que é um sentimento verdadeiro. Penso em como é bom simplesmente sentir que as coisas se encaixam de um jeito que parece que apenas foi feito para ser. É um sentimento de segurança e de certeza. Uma paz profunda que poderia acalmar tempestades. Ao mesmo tempo que é um sentimento intenso, porém não perturbador. É como um calor que conforta e que pode ser visto e sentido mesmo por aqueles que não sabem que tipo de amor é esse. Mas o respeitam e reconhecem que ali ele existe.

    O seu amor me fez mais forte, me deu a coragem para acreditar em mim mesmo e me sentir merecedor do amor. Me deu inspiração para seguir o meu destino e entender que todos deixam algo conosco e que cabe a mim decidir o que fazer com aquilo que cada um deixou. Seu amor me ensinou a parar de lutar com a vida quando ela não atender aos meus caprichos e a aceitar que existem coisas que vão além da minha compreensão, mas que se eu estiver disposto a aceitar as minhas limitações, a sabedoria sagrada da existência e estiver realmente comprometido a ser feliz, eu encontrarei o meu destino e continuarei vivendo o amor aonde quer que eu vá.

    A vida nos levou para outros caminhos. E onde quer que seus pés percorram, eu sinceramente desejo que também carregue o meu amor com você. Que encontre outros amores pela estrada. Que sua jornada seja pautada nos sentimentos verdadeiros e que você nunca perca a coragem de dizer e expressar o que sente e ser fiel ao seu coração. Que leve consigo principalmente o seu amor-próprio. Que tenha dentro de você a certeza de que nada acontece por acaso, e que cada pessoa que encontramos é importante para a nossa caminhada. Que continue acreditando no amor, mesmo que alguns amores possam ter partido o seu coração e feito você duvidar de que esse amor é real. Se isso acontecer, lembre-se do amor que tivemos e que a vida é sempre generosa para recompensar aqueles que ainda acreditam que o amor é possível. E se tiver encontrado alguém para amar, espero que esteja vivendo isso profundamente. Espero que esse sentimento esteja despertando a sua alma e colorindo os seus dias.

Meu amor por você se transformou em uma oração de luz e gratidão. E não importa quantos dias passem, saiba que sigo minha vida feliz, que continuarei grato a você e que o meu amor por você sempre o acompanhará a cada passo do caminho.

AOS AMORES QUE EU PENSEI AMAR

Acho que a gente sempre sabe quando não é realmente amor. O que a gente precisa é de um pouco mais de tempo para ter certeza. Porque compreender sentimentos e nomeá-los não é uma tarefa simples. Nosso mundo interior é um emaranhado de emoções e sentimentos que se cruzam e se sobrepõem uns aos outros. E exige um mergulho interior profundo, e muita coragem, para desfazer esses nós emocionais e compreender o que eles realmente significam. E, quando a gente faz esse trabalho, começa a entender os porquês de muita coisa, e passa a enxergar quando certos amores não são amor.

Há amores que amamos. Outros que apenas pensamos amar.

E eu realmente queria que com você tivesse sido amor. Que realmente tivesse sido verdadeiro. Da sua parte e da minha. Mas não era.

Você foi o amor que um dia eu pensei amar.

Mas o que eu acreditava ser amor era, na verdade, uma profunda ilusão. Uma ânsia de amar e de ser amado que me fazia negar quem você realmente era e o que aquela tentativa de relacionamento estava fazendo conosco. É que a paixão cega os sentidos, deturpa os pensamentos e faz a gente acreditar que há amor onde não existe. E quando a paixão passa é como se a poeira finalmente baixasse, como se a névoa desaparecesse e a gente enxergasse as coisas melhor, como elas realmente são. E muitas vezes encontraremos, sim, o amor ali. Noutras, veremos que as coisas não eram realmente como a gente via até então, e o que achávamos que era amor não passava de uma imensa fantasia. Foi assim com a gente e não posso nem culpar você por isso. Afinal, como jogar para você a responsabilidade das expectativas que eu mesmo criei?

Eu inventei uma fantasia sua, uma pessoa que não existia e me apeguei a ela. E te culpei e me machuquei por todas as vezes que você não correspondeu a tudo que imaginei. Sofri por todas as vezes que você não seguiu o script que eu havia traçado dentro de mim. E, no fim, eu ainda me apegava àquele velho roteiro. Minha dor não era exatamente pelo fim da relação, minha dor era pelo fim da minha fantasia. Eu não me apeguei a você. Eu me apeguei aos meus sonhos. Doía em mim perceber que as coisas não se realizariam do jeito que eu queria. Que não seria com você que eu viveria a vida que eu tanto tinha desejado. Como já cantou a grande Marília Mendonça: *me apaixonei pelo que eu inventei de você.*

Só que tudo isso eu só fui perceber e admitir muito tempo depois. Porque na hora eu não queria enxergar. Era difícil admitir. Mais fácil era acreditar que eu sofria por você, pelo fim do nosso amor, e que você era o culpado por ele ter acabado. Mas quanto mais eu tentava me convencer disso, mais eu sofria. E quer saber? Lá no fundo, eu sabia a verdade. Acho que a gente sempre sabe quando não é realmente amor. O que a gente precisa é de um pouco mais de tempo para ter certeza. Porque compreender sentimentos e nomeá-los não é uma tarefa simples. Nosso mundo interior é um emaranhado de emoções e sentimentos que se cruzam e se sobrepõem uns aos outros. E exige um mergulho interior profundo, e muita coragem, para desfazer esses nós emocionais e compreender o que eles realmente significam. E, quando a gente faz esse trabalho, começa a entender os porquês de muita coisa, e passa a enxergar quando certos amores não são amor.

Esse é um trabalho que sabemos que precisamos fazer, porém que nos negamos a executar. E quanto mais o adiamos, mais propensos estamos a confundir sentimentos e a nos machucarmos. Fazer um estudo interior é tarefa para a vida. Não só quando estamos ou não em um relacionamento. É algo que pode parecer incômodo, mas que é transformador. É o que nos permite desmascarar ilusões. Só que esse trabalho tem um preço, e o seu custo é o desmoronamento das nossas fantasias, é o ficar face a face com a verdade, é ter que tomar decisões difíceis e aceitar realidades complexas. Há também outro nome para esse processo: maturidade emocional. Sim, porque admitir nossos enganos e assumir a responsabilidade daquilo que sentimos e daquilo que fantasiamos é um grande traço de maturidade. E todo preço que custou construí-la vale pelos ganhos que ela proporciona.

Porque a gente sempre ganha quando caminha pelo que é real. A gente ganha se desviando de feridas e se aproximando do que pode nos fazer feliz.

A maturidade emocional nos faz perceber a nossa parcela de responsabilidade em nossos próprios sofrimentos. E é libertador perceber isso, pois tiramos do outro o poder de controlar a nossa vida. E nos dá uma possibilidade real de cura que só depende de nós. Que depende de uma leitura mais clara e real dos fatos.

Perceber que alguns amores não foram realmente amor nos transforma, pois revela aspectos mal resolvidos em nós que até então negávamos. Muitas vezes, por baixo daquilo que chamamos de amor estão carência, o medo de ficar só, a baixa autoestima, nossas expectativas desenfreadas, as idealizações que projetamos no outro e todos os sonhos de amor que não vivemos e ainda queremos viver. Vestimos no outro esses aspectos mal resolvidos que carregamos dentro de nós e dizemos que é amar. Só que não é um amor ao outro. É o amor ao que queremos que ele seja. E perceber isso nos permite que cuidemos desses aspectos para que possamos curá-los. Nos permite a libertação da mágoa em relação ao outro e uma nova compreensão daquela relação.

Pode, inicialmente, parecer difícil admitir que não era amor. Só que não há nenhuma vergonha nisso. No começo, nem sempre as coisas são muito claras. E podemos acreditar que aquilo que estamos sentindo é real. Mas o tempo se encarrega de mostrar a verdade se permitirmos isso e estivermos prontos para aceitar aquilo que o nosso coração nos revelar, mesmo não sendo exatamente aquilo que a gente queria.

Talvez eu tenha te amado de um modo diferente, só que não do jeito que alguém quer ser amado de verdade. E não do jeito que a gente quer amar alguém. Era um amor artificial, sustentado pela carência. E, se naquele momento eu tivesse me amado um pouco mais, teria tido mais consciência para ver que aquilo que eu sentia por você não era amor, e as coisas teriam sido de outro modo. Porém, as coisas são como são. Não posso mudar o que já aconteceu. O que posso é seguir em frente e não deixar que minhas ilusões nublem meus sentimentos novamente.

Hoje, percebo que preciso ter mais cuidado com minhas carências e fantasias. E que não devo projetar no outro minhas ilusões apenas para tentar me preencher de afeto. O que é real não precisa ser forçado. Nem precisa de pressa. Posso ser sincero com o que sinto e o que quero no momento fazendo isso com consciência e maturidade. Posso ser alguém que não tem medo de amar, mas que não inventa amores apenas por medo de ficar só. Posso ser alguém que compreende que as relações são feitas de fases, e que o amor pode surgir gradativamente como uma flor que desabrocha. Posso ser alguém com a coragem de ver quando não é amor e de saber que está tudo bem se não for.

Afinal, algo dentro de nós se liberta quando finalmente compreendemos que o que nos levou a pensar a amar alguém que não amávamos de verdade foram partes profundas dentro de nós que precisavam de cura. E perceber isso é o primeiro passo para curar cada parte nossa e entender que mesmo as relações que não foram por amor serviram como grande laboratório para nosso autoconhecimento. E, quanto mais nos conhecemos, mais capacitados estamos para vencer nossas carências e ilusões e nos aproximarmos de relações reais e profundas.

Por isso, mesmo não tendo te amado, posso dizer que guardo as preciosas lições que sua passagem pela minha vida me deixou. Se me enganei em pensar que te amei, não me engano quando digo que aquela relação era necessária naquele momento. Pois foi mais que um encontro de afeto, foi um encontro de aprendizados. Eu cresci com você, aprendi a ler melhor meus sentimentos e, agora, sei que saberei reconhecer o amor quando ele atravessar meu caminho.

AOS AMORES QUE TRAÍRAM A MINHA CONFIANÇA

Traição tem perdão? Pode até ter. Só que a questão não é o outro, é sarar a ferida, resgatar a autoestima e voltar a confiar na vida e no amor. Não se trata de dar ou não uma nova chance aos amores que nos traíram, mas de dar uma nova chance ao amor. Uma nova chance a nós mesmos.

Eu prometi a mim mesmo que não sofreria mais por erros que não foram meus.

A gente não deve se sentir menos nem questionar o nosso valor porque outra pessoa não soube cumprir com o acordo que foi firmado. É cruel demais julgar e condenar a nós mesmos por um erro que não foi nosso. Como se a gente assumisse a responsabilidade pelas atitudes alheias.

Ninguém é obrigado a ser recíproco, mas todo mundo deveria ter a obrigação de ser honesto. Agora, a verdade é que muitos não serão, e aprendi que não devo sofrer pela falta de honestidade do outro. Devo abraçar a minha integridade, a minha capacidade de amar e de respeitar a mim e ao outro. Aprendi que as minhas atitudes dizem respeito a quem eu sou e, por isso, sempre darei o meu melhor. Essa é minha essência e eu não negocio a minha verdade.

Quando a gente confia em uma pessoa, entrega aos cuidados dela um dos bens mais preciosos que possuímos: o coração. Nele, está o nosso bem-estar, os medos, os anseios, os sonhos, os sentimentos. Nesse momento, deixamos de lado a insegurança, destravamos todas as trancas e os bloqueios que impediam o acesso a ele, e permitimos que essa pessoa tenha acesso a nossas vulnerabilidades mais profundas. <u>Pois não há como amar se não pelos caminhos da vulnerabilidade.</u> Não há como amar sem se despir da armadura. E é aí que a traição dói: ela fere nosso ponto mais frágil. Ela acerta profundamente um coração exposto sem proteção, porque se confiou que ele seria cuidado. A gente acaba sendo ferido por quem prometeu nos proteger.

É um golpe baixíssimo que nos arrasta para o fundo do poço, que reaviva feridas, que abala a autoestima, que nos faz questionar a nós mesmos, o nosso valor e a possibilidade de encontrar um amor verdadeiro e realmente merecer viver isso. O que para a pessoa que comete pode ser descrito como um "deslize" se torna um desmoronamento para quem sofre.

Por isso que toda traição é, antes de tudo, uma profunda falta de empatia. Não se consideram os sentimentos do outro, o impacto e a devastação que isso terá no emocional, naquele relacionamento, e na vida futura daquela pessoa que terá sempre que lutar contra a insegurança ao tentar amar de novo. Na traição, a gente acaba por sentir prazer em detrimento da confiança do outro.

Pois a traição é ardilosa, e tem muitas formas. Por si só, é uma quebra de contrato, e esse contrato é particular em cada relação. O que é entendido como traição por parte de um casal pode não ser para outro. A traição é o que arrasa a confiança, o que faz a pessoa se sentir trocada, enganada, desrespeitada. E a outra parte sempre sabe o que é. Dói saber que ela tocou numa ferida que sabia que machucaria.

Um dos piores aspectos da traição é que ela faz a gente se comparar e julgar o próprio valor. A gente se questiona, como se tivéssemos levado a pessoa a cometer aquele ato. Como se tivéssemos errado em algum momento, sido falhos e insuficientes. Quando, na verdade, isso nada tem a ver com quem a gente é ou com o nosso valor. Tem a ver com as escolhas do outro. Pois para qualquer problema ou questão que precise ser resolvida existe o diálogo, e a comunicação sempre será uma ponte para os corações. Por isso, é irrelevante tentar justificar uma traição. O foco precisa ser a cura dessa dor, e essa cura parte sempre de dentro de nós, e por nós.

Traição tem perdão? Pode até ter. Só que a questão não é o outro, é sarar a ferida, resgatar a autoestima e voltar a confiar na vida e no amor. Não se trata de dar ou não uma nova chance aos amores que nos traíram, mas de dar uma nova chance ao amor. Uma nova chance a nós mesmos.

Quando alguém é traído, corre o risco de fazer do outro a sua história. Só que a sua história afetiva não pertence a ele. Os outros fazem parte dessa história, se entrelaçam a ela, mas não a tomam para si. O outro pode vir e ir, só não pode levar com ele a nossa felicidade e o nosso direito de amar e de ser amado.

É difícil superar e voltar a confiar de novo no amor. Por isso é necessário saber separar a situação do sentimento. O amor não é culpado por algumas pessoas não saberem amar. E a falta de empatia, honestidade e afeto de alguém não pode ser parâmetro para julgar todos os outros.

Não gosto de generalizações, elas costumam ser falsas e enganosas. No mundo há pessoas que machucam, como há aquelas que curam. Há pessoas que têm pouca consideração, enquanto outras são um mar de afeto. E a gente não deveria perder a oportunidade de conhecer pessoas maravilhosas e de viver coisas incríveis por causa de pessoas que mostraram o pior que havia nelas. Limitar a nossa vida limita o amor a essas pessoas. Limitar a vida é nos autocondenar por uma ferida que não causamos.

A pior traição não é a do outro, a pior traição é a própria, é o abandono de si. E diante de toda essa dor a melhor vingança (se é que pode ser entendida desse jeito) não é dar o troco, é dar a volta por cima. É continuar amando, é continuar nos amando, é prosseguir vivendo, investindo em nós, correndo atrás dos próprios sonhos e mostrando a nós mesmos que jamais nos negaremos ao melhor da vida.

Cada pessoa vive essa experiência de um modo. Não há receita certa para superar. Só que uma boa dose de amor-próprio sempre ajuda a nos reerguer. Porque, afinal, não podemos atrelar nosso passado ao presente. O que passou já passou, e cada nova história carrega a sua unicidade. Ninguém merece uma vida afetiva assombrada pelo passado do que viveu. Ninguém deve fazer dessa traição um fantasma que perturba novas relações.

O que se deve entender é que cada novo relacionamento traz suas próprias características e que não devemos julgá-lo tomando por referência relações passadas. A única referência correta de análise dessa relação é ela por ela mesma. O que ela apresenta de positivo e negativo. Os sinais que apresenta e a maneira como nos faz sentir.

A história que será escrita nada terá a ver com as histórias que já foram finalizadas. Pois, apesar do que o outro fez, devemos sempre carregar no coração a paz de quem sabe que o próprio valor se dá apenas pelas próprias escolhas.

Então, diante de qualquer dor passada, eu afirmo que provarei a mim mesmo que sou merecedor do amor. Que não me condenarei a uma vida sem afeto por um erro que não foi meu.

Não se erra quando se acredita no amor e se dá o seu melhor. Se erra quando se desiste do amor por pessoas que não sabem amar. Se um dia me culpei, agora me perdoo por todos os erros que não foram meus e que peguei para mim. Firmei comigo um compromisso de ser verdadeiro e de buscar a minha felicidade, no amor e na vida. E esse compromisso jamais trairei.

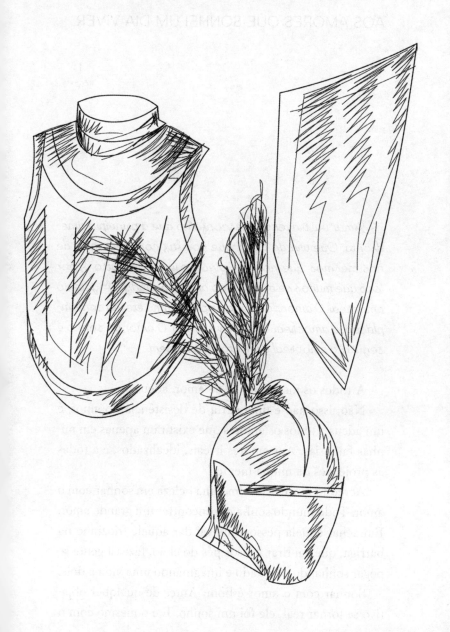

AOS AMORES QUE SONHEI UM DIA VIVER

Amar vai trazer um desconforto que a princípio amedronta. Que tira do lugar, que nos faz conhecer mais de nós mesmos, que nos faz crescer junto ao outro. É por isso que muitos se apegam ao amor sonhado e fogem do amor real. O amor do sonho é apenas uma eterna contemplação, o amor real é uma revolução. O amor do sonho é seguro, o amor real é um ato de coragem.

A todos os meus sonhos de amor, adeus.

Não, isso não é uma carta de desistência do amor, é um adeus a todos os amores que existiram apenas em minhas fantasias. Aos amores irreais, idealizados, e a todas as projeções da minha mente.

Acredito que exista, sim, uma beleza em sonhar com o amor. Todo mundo sonha em encontrar um grande amor. Em achar aquela pessoa que vai dar aquele friozinho na barriga, que vai tirar nossos pés do chão, fazer a gente se pegar sonhando acordado e imaginando uma vida a dois.

Sonhar com o amor é bom. Antes de qualquer objetivo se tornar real, ele foi um sonho. E é o mesmo com o amor. Antes de encontrar o amor em alguém, a gente o acha na nossa imaginação.

Só que o amor não pode apenas ser sonhado. Pois, quando assim o é, ele deixa de ser amor e se torna fantasia. E um dia a gente cansa. A gente cansa de apenas sonhar com o amor. De esperar pelo príncipe encantado e não perceber que toda essa espera tira o encanto da realidade, e do que o amor realmente é. Sonhar com o amor é bom, mas melhor é vivê-lo e estar aberto a todos os tipos de surpresas que ele pode trazer.

Quem se apega a um sonho de amor talvez se decepcione com a realidade. Porque a realidade é diferente, embora de modo algum isso signifique que ela seja ruim. É que o amor real é diferente do amor sonhado. Ele tem nuances e aspectos que a imaginação não nos conta.

Ninguém nos diz que vamos amar e que haverá dias em que não seremos pacientes com a pessoa amada. Ninguém diz que vamos amar e que, mesmo assim, não viveremos todos os dias a euforia de um romance de cinema. Ninguém nos diz que vamos amar e continuar carregando nossas dores e dilemas. Mas, afinal, o amor não resolveria tudo? O amor certamente contribui com a existência, só não é seu papel arcar com ela toda. E isso ninguém nos diz.

Assim como ninguém nos diz que o amor também é feito de sorrisos amarelados, de mau hálito pela manhã, de rotinas também cansativas, de perdões, de tolerância e paciência. Pois o amor está mais frequentemente nos pequenos gestos diários de cuidado e cumplicidade do que nas demonstrações grandiosas.

O amor real é muito diferente do amor sonhado. É desafiador, estimulante e profundamente transformador. É um amor que não paira apenas na euforia. Ele é íntimo e tem tanto a nos mostrar sobre nós mesmos que a gente até se assusta quando o conhece e nele se encontra (e é obrigado a ver coisas que se negava a enxergar). E, às vezes, é aí que a gente foge do amor. Porque, em nossas fantasias, buscamos mais um amor que nos salve de nós do que um amor que nos revele. Contudo, é nessa revelação que está a cura. O problema é que nem todos estão prontos para o remédio.

Amar vai trazer um desconforto que a princípio amedronta. Que tira do lugar, que nos faz conhecer mais de nós mesmos, que nos faz crescer junto ao outro. É por isso que muitos se apegam ao amor sonhado e fogem do amor real. O amor do sonho é apenas uma eterna contemplação, o amor real é uma revolução. O amor do sonho é seguro, o amor real é um ato de coragem.

Isso não significa que o amor real não seja bom. Ao contrário. Ele pode e deve ser muito mais do que um dia se sonhou que ele seria. Porque ele é vivo. Só que enquanto não abrirmos em nossa mente uma brecha para aceitar que o amor pode ser muito diferente do que pensávamos que ele é, nunca o encontraremos de verdade. Estaremos sempre à procura da fantasia, buscando algo que não reconhecemos quando encontramos, pois a imagem que fazemos é diferente daquela que a vida nos mostra quando encontramos um amor.

Às vezes, a gente precisa olhar para nossas fantasias e perceber que, por mais belas que elas sejam, é preciso se despedir delas e embarcar nessa busca de viver e não apenas sonhar. É nesse momento que compreendemos que podemos nos emocionar e nos divertir muito lendo romances ou vendo uma comédia romântica, mas que o amor não precisa ser nada daquilo para ser bom. Ele só precisa ser saudável. E ser saudável tem a ver com fazer bem.

Procuramos tanto pelas fantasias de amor que esquecemos de focar o básico e mais importante: o amor deve ser um portal para o crescimento.

Claro que o amor real traz seus desafios, pois ninguém pode encontrar um amor sadio sem se deparar com os próprios elementos que precisa curar dentro de si. É para isso que o amor serve. Quando aceito e vivenciado, ele é o próprio processo de cura. E, para isso, ele pede trabalho. Quem não está disposto a fazer esse trabalho em si, e junto com o outro, e busca apenas o encontro das suas fantasias, acaba por perder o amor.

No amor real a gente trabalha junto e entende que o amor não se dá só na colheita, ele é uma semente, que precisa ser plantada, regada e cultivada, para crescer forte e dar seus frutos.

O que a gente, às vezes, precisa para ser um pouco mais feliz nas nossas relações é se despedir um pouco das nossas irrealidades. Eu mesmo penso em quantos amores irreais vivi apenas em minha mente. Em quantas esperas, fixações, fantasias desmedidas com pessoas que sequer apresentavam o mínimo para se amar: a reciprocidade.

Quantos amores que se perderam na espera de que *um dia* pudessem acontecer. Ou de alguém que talvez *um dia* pudesse mudar de verdade. Quantos amores sonhados, e não vividos. E que muitas vezes se converteram em dores e frustrações. A espera eterna que atrasa nossa vida não é nada bonita para se agarrar; é uma fantasia que impossibilita o amor.

A verdade é que existe muito amor para ser vivido para além das nossas expectativas. Nossa vida amorosa não se limita a uma pessoa ou a um respectivo sonho. Ela pode ser múltipla e linda de diversas maneiras. Despedirmo-nos de nossas fantasias e acordar para o amor real vai sempre ser um dos maiores despertares que podemos ter nessa vida. Pois não há problema em sonhar em viver o amor, desde que não desprezemos a realidade dele. Desde que não fiquemos apenas no sonhar. Desde que façamos do amor também um ato e que, mesmo nesse jeito imperfeito de amar e ser amado, possamos encontrar a beleza dos amores reais e nos deixarmos nos surpreender por eles.

AOS AMORES QUE SURGIRAM EM UMA TROCA DE OLHARES EM UM DIA QUALQUER

Talvez todos tenhamos tido um amor assim. Um amor que surgiu repentinamente, mas, em algum momento, acabou. Ou que nem teve início e agora paira para sempre na memória, como uma eterna dúvida do que teria sido. Como um olhar que ainda nos acompanha e fala de histórias que não vivemos, fala de sentimentos antigos, fala que o amor tem essa força, essa imprevisibilidade e que podemos encontrá-lo no brilho de um olhar, em um dia qualquer, quando menos esperamos.

Às vezes, dois olhares se encontram, e ali se reconhecem. E nesse reconhecimento surge um sentimento que não se sabe exatamente de onde veio nem porque começou. Ele simplesmente acontece. Pode ser encanto, paixão, ou amor à primeira vista. Mas algumas pessoas sabem, já no momento em que se encontram, quando um certo alguém será importante em sua vida. Não é um conhecimento lógico. Ele não encontra fundamentos nem explicações. Não se dá nas vias da razão. É um conhecimento intuitivo, uma sensação, uma certeza. Como duas almas que se procuravam e finalmente se encontraram. Pode ser amor à primeira vista ou um sinal que as aproxime de quem vai despertar esse amor mais adiante. <u>Mas quando dois olhares se cruzam e se entendem, ali o amor pode acontecer.</u>

Eu vi isso no seu olhar. No momento em que seus olhos pousaram em mim. Vi no modo como se acenderam, como se naquele instante tivessem ganhado vida. Vi o brilho que surgiu, um brilho de reconhecimento, de interesse, de afinidade. E sei que naquele instante você também viu isso nos meus. Nossos olhares se cruzaram e se detiveram um no outro como uma força magnética que os conectava e os atraía.

Acho que ali, nas faíscas que brotaram, o amor de alguma forma apareceu. Eu sei que para alguns o amor é feito de fases. É algo que se constrói com o tempo. Que só aparece quando você conhece quem o outro realmente é e escolhe ficar. Sei que, para outros, o que surge no começo transita entre a atração e a paixão, é um interesse puramente físico e estético. Ainda há aqueles que podem pensar que isso nada mais é que a carência falando mais alto. E, por fim, para os mais românticos, é o amor em seu modo mais puro e verdadeiro se fazendo presente de maneira natural e sem lógica.

Penso que cada um pode fazer a interpretação que melhor lhe agrada. O que sei é que algo naquele momento aconteceu, e mesmo que depois tenha perdido seus olhos de vista, os levo comigo até hoje em meu coração.

Claro que nem todos os amores são à primeira vista. Talvez a maioria não seja. Assim como nem todos que nos despertam algo no primeiro momento serão o amor da nossa vida. Só o tempo e a experiência poderão dizer. E nenhum brilho no olhar deve ser justificativa para abrir mão da maturidade ao se relacionar. Só o amor não basta. Assim como apenas o encantamento inicial não é o suficiente. É preciso dedicação para dar certo. Do mesmo modo como a chama que é acesa precisa de cuidado para ser mantida. Não importa se o amor surgiu de imediato, ou se foi com o passar do tempo, ele precisa de comprometimento, empatia, zelo e responsabilidade para crescer. Do contrário, a alegria no olhar desaparece, e o que era reconhecimento, vira estranheza.

Talvez todos tenhamos tido um amor assim. Um amor que surgiu repentinamente, mas, em algum momento, acabou. Ou que nem teve início e agora paira para sempre na memória, como uma eterna dúvida do que teria sido. Como um olhar que ainda nos acompanha e fala de histórias que não vivemos, fala de sentimentos antigos, fala que o amor tem essa força, essa imprevisibilidade e que podemos encontrá-lo no brilho de um olhar, em um dia qualquer, quando menos esperamos.

E, mesmo que precisemos nos despedir e que talvez nunca mais venhamos a ver o amor naquele mesmo olhar, carregaremos a certeza de que os olhos falam muito, e quando encontrarmos alguém cujos olhos falem de amor, lembraremos sempre que ali existe um convite para uma nova história ser vivida.

AOS AMORES QUE FORAM LIÇÕES

A vida fica um pouco mais leve se passamos a encarar que toda pessoa que vem é a certa: a certa para nos fazer acordar, a certa para nos ensinar, a certa para nos mostrar a importância do amor-próprio, a certa para resolver pendências do passado, ou a certa para nos mostrar o poder que o amor tem e o quanto merecemos ser amados! Cada pessoa vem para nos trazer o que precisamos, o que atraímos ou o que nos permitimos viver. Ao acaso, ninguém vem. Cada ser que entra em nossa vida virá para amar ou ensinar!

As nossas experiências, de modo geral, têm caráter pedagógico. Se é assim em tudo, por que não seria com o amor?

Entendo que a vida é uma grande escola, e a matéria do amor certamente é uma das mais complexas. Mesmo assim, jamais alguém poderia evoluir afetivamente sem aprender com seus relacionamentos antigos, principalmente com aqueles que trouxeram um pouco de dor.

Não raro os relacionamentos mais dolorosos são os que mais nos fazem crescer, mas quando bem compreendidos e superados.

A vida fica um pouco mais leve se passamos a encarar que toda pessoa que vem é a certa: a certa para nos fazer acordar, a certa para nos ensinar, a certa para nos mostrar a importância do amor-próprio, a certa para resolver pendências do passado, ou a certa para nos mostrar o poder que o amor tem e o quanto merecemos ser amados! Cada pessoa vem para nos trazer o que precisamos, o que atraímos ou o que nos permitimos viver. Ao acaso, ninguém vem. Cada ser que entra em nossa vida virá para amar ou ensinar! Entender e aprender com a mensagem que cada um carrega é uma das chaves para evitarmos mágoas, culpas e superarmos desilusões. Que jamais percamos tempo tentando manter quem quer ir, ou guardando rancores de quem não soube ser melhor. Há pessoas que são bênçãos em nosso caminho, e outras que nos encontram apenas para deixarem lições, mesmo que a maior lição seja não repetir as ações de alguém que nos magoou.

Por isso, quando penso na passagem desses amores em minha vida, sou grato. Porque prefiro ser alguém agradecido a ser cheio de rancores. O rancor é um veneno para a alma. Ele multiplica dores, faz a gente sofrer duas vezes. Primeiro, você sofre vivendo a situação do que te fizeram, depois sofre relembrando isso. Daí a importância do perdão. O perdão nunca é para o outro. O perdão é pela nossa própria paz.

Aprendi que transformar a mágoa em perdão e, por fim, em gratidão, é uma alquimia poderosa que ajuda a curar o coração. Só que esse processo leva tempo e demanda o entendimento de que não se pode mudar o passado. Esse processo exige uma vontade grande da nossa parte em nos curar, demanda uma enorme disposição ao novo e, principalmente, uma crença firme, não só na vida, mas também em nós mesmos. No poder que temos de ser resilientes e usarmos as nossas vivências para nos tornarmos mais fortes.

Por isso, sou grato a cada amor que deixou uma lição. Porém ser grato não é concordar com o que fizeram. Não é enxergá-los como heróis de uma história cheia de dores. Vejo esses amores como instrumentos que me tornaram uma pessoa mais madura e consciente. Um portal que fez nascer uma nova versão minha, afetivamente mais preparada para amores profundos. Sou grato a eles, sim. Mas agradeço mais a mim, pois fui eu que colhi as lições desse terreno tão difícil de caminhar. Fui eu que usei minhas forças para processar toda a dor e transformá-la em ensinamentos que pudessem ajudar na minha caminhada. Fui eu que sequei as minhas lágrimas, eu que mergulhei fundo em mim mesmo, na escuridão dos meus próprios abismos. Fui eu que venci os monstros da rejeição e da insegurança, fazendo brilhar a luz do amor-próprio. Fui eu que passei por todo esse processo e tirei dele o melhor que podia. Nenhum deles seria lição se não fosse a minha capacidade para aprender. E desse mérito eu não abro mão. Por isso, jamais vou creditar esse aprendizado a outra pessoa. Esses amores foram a experiência. A lição, fui eu que extraí.

Na verdade, é comum a gente pensar, diante de algumas experiências de dor, que certas lições a gente preferia nem ter tido. Algumas pessoas certamente preferiam ter ficado na ignorância afetiva a ter que passar por dores nada fáceis de lidar. Só que depois que se passa pelo fim e precisamos seguir, só há duas possibilidades: ou deixamos que a dor se transforme em sofrimento, e nos ferimos eternamente inconformados e magoados com aquilo que vivemos, ou encaramos tudo como um aprendizado, e usamos o que pudermos tirar dali para ficarmos mais fortes e ganharmos um pouco mais de paz em nossa alma.

Eu escolhi fazer das minhas vivências lições, para que não precisasse mais sofrer por antigos amores. Escolhi inverter cada experiência de dor a meu favor, para caminhar rumo à felicidade que sei que mereço. Escolhi me libertar das mágoas e culpas e assumir a responsabilidade pela minha vida. Escolhi olhar adiante, para tudo que a existência reserva para mim e para os amores que ainda me aguardam, em vez de ficar preso ao ontem, que nada mais pode me propiciar além de lições.

Não é conformismo, é inteligência emocional. Pois, além de nos trazer mais paz em relação ao passado, nos capacita para relações mais maduras no futuro. Quem não aprende nada com aquilo que vive está sempre fadado a repetir as mesmas experiências até que a lição seja aprendida. Afinal, não se pode quebrar padrões, nem esperar resultados diferentes fazendo tudo igual.

Foi justamente através desses amores errados que aprendi que merecia mais. Foi através de histórias difíceis que pude perceber o quanto eu sabotava a minha própria vida.

<u>Amores complexos, às vezes, são espelhos de nós mesmos.</u> São contrastes que nos permitem que enxerguemos

nossos próprios pontos que precisamos melhorar para que não venhamos a viver mais histórias tão difíceis assim.

Mas não se engane, não são só os amores complicados que passam lições. Os belos amores também ensinam. As lições não veem somente através da dor e dos rompimentos. Aprende-se muito com as pessoas gentis, com as almas maduras, com aqueles que dão o exemplo, com os que nos ensinam com carinho, com quem nos inspira com seu afeto e sua capacidade de amar. Crescemos muito com aqueles que nos transmitem saberes, que nos passam sabedoria, que nos trazem paciência e ajudam a conduzir a nossa jornada, mesmo que a deles tome um rumo diferente da nossa. Amores bons também trazem lições. Acredito que temos que saber colher aprendizado de todos os amores que passam por nós: os belos e os difíceis. E que bom quando podemos aprender sem dor, apenas na bênção do afeto.

Porém, quando a dor vier, que a gente aprenda com ela. Que não estacionemos na dor, que saibamos colher a lição. Que a gente respeite os nossos lutos internos e possa entender que toda superação é um processo. Contudo, que jamais nos apeguemos ao sofrimento. Que possamos deixar a mágoa de lado, o passado em seu devido lugar e levar na bagagem da nossa alma aquilo que pudemos aprender com cada experiência que tivemos. Que possamos honrá-las para que nosso coração partido renasça mais forte para amar de novo. Que cada desilusão possa se transformar em amadurecimento na jornada afetiva, e que a gente se lembre de que todo amor deu certo se a gente aprendeu aquilo que ele tinha a nos ensinar.

AO AMOR A QUE EU NUNCA DEVERIA TER DITO ADEUS

De todos os amores, o único de que jamais devemos nos despedir é o próprio. É ele que nos fortalece em meio aos desafios, que nos acolhe quando ninguém está mais ali, que nos lembra do nosso valor, que ensina que nossos sonhos são possíveis, que nos sustenta nos momentos difíceis, que nos faz continuar após as quedas, que nos sussurra que merecemos muito, apesar de todas as nossas imperfeições. E é ele que dá mais sentido à nossa vida.

Há quem diga que a relação consigo mesmo é a mais difícil.

É fácil amar alguém que você mal conhece, é fácil amar uma fantasia, uma idealização. O difícil é amar essa pessoa que você olha no espelho todos os dias, cheia de conflitos e imperfeições. Difícil é amar esse "eu" que pensamos conhecer e que, às vezes, nos é tão estranho, perdido em máscaras que a sociedade incitou a construir. Tão fácil é abandonar a si mesmo e esperar que alguém venha nos resgatar com seu afeto.

Amar a si mesmo é complicado, ainda mais se a gente cresceu sendo ensinado que é uma pessoa difícil de ser amada. Porque se crescemos com essa visão de nós mesmos, precisamos, primeiro, aprender a calar essas vozes que repetem, insistentemente, que não merecemos amor, para depois começarmos a nos amar. Porque todo desamor nada mais é que um eco. Uma repetição de vozes cruéis do passado, de pessoas que, por suas limitações, nos disseram que éramos pouco para recebermos amor.

E quem é digno para tal? Se o amor fosse destinado apenas a pessoas perfeitas, todos morreríamos de sede de afeto ou estaríamos perdidos na sina dos desencontros. Pois a verdade é que a gente só aprende a se amar quando se aceita imperfeito. Quando se enxerga humano! Quando compreende que é aos imperfeitos que o amor pertence.

Eu me pego às vezes pensando: quantas vezes procurei por amor quando me faltava amor-próprio? Quantas vezes deixei que essas vozes negativas torturassem minha alma e reduzissem minha autoestima? Quantas vezes esperei até o dia que fosse mais e melhor para, então, me permitir me amar e assim me condenei a uma vida de desamor?

O maior paradoxo é procurarmos por amor enquanto deixamos faltar a ousadia para nos amarmos. Talvez esse amor que tanto procuramos fora é um pouco desse amor que deixamos faltar com a gente mesmo, acreditando que o afeto do outro pode preencher nossos vazios ou nos convencer de que merecemos ser amados. Mas mesmo quando o encontramos fora, sentimos a sua falta dentro. Não há amor de pessoa nenhuma que seja capaz de substituir a necessidade de nos amarmos. O amor do outro é bom, porém o amor-próprio é fundamental.

Quando falta amor-próprio se afoga a autoestima, abre-se espaço para a dependência, limitam-se os sonhos, bloqueia-se a ousadia, alimenta-se o medo, se dá voz ao ciúme, se potencializa a carência e, por fim, acaba-se por sufocar até o amor que vem do outro. Nenhum amor sobrevive onde não há espaço saudável para ele.

Criar espaço para o amor é acreditar que a gente pode nascer e crescer mesmo na terra das imperfeições. Pois é só nela que o amor real é possível. E enquanto não entendemos isso, perdemos tempo na busca inútil dessa utopia da perfeição, nos mutilando interiormente com comparações com vidas alheias enxergadas apenas pela metade, na superficialidade das aparências.

Somos seres imperfeitos porque estamos em constante construção. Amar a nós mesmos é aprender a admirar esse processo. É saber que a busca não é por ser perfeito, é por ser alguém melhor, e que não precisamos esperar para nos amarmos apenas no final do processo, pois ele nunca acaba. O amor-próprio precisa ser presente. E fazer isso é nos tornarmos um amigo e companheiro fiel de nós mesmos diante dessa jornada cheia de aprendizados. É não nos definirmos, nem nos limitarmos por comparações desnecessárias nem nos diminuirmos só porque algumas pessoas se foram e não souberam nos amar. As pessoas podem sair da nossa vida, só não devemos deixar que nosso amor-próprio se vá com elas.

A GENTE
SÓ APRENDE
A SE AMAR
QUANDO
SE ACEITA
imperfeito.

Elas vão embora porque decidem seguir em frente. Algumas pelo peso das circunstâncias, mas nunca por não termos valor. Embora essa possa ser a impressão que fica, nunca uma história termina por não merecermos amor. Não se pode cair em um julgamento apressado e limitado, contaminado por uma autoestima fragilizada ainda em construção. Fazer isso é se machucar e fechar a porta para novas vivências, acreditando que não as merecemos. Não importa quantas pessoas se foram, quantas não nos amaram, quantas afirmaram que não éramos dignos de afeto. O outro não tem o poder de nos definir, e uma vivência não dita nosso valor.

Por isso, às vezes é preciso chamar de volta esse amor que a gente deixou ir, e também tantas outras pessoas que se foram, as que deixamos abandonadas todas as vezes que alguém nos rejeitou. Esse amor a que nunca deveríamos ter dito adeus. De todos os amores, o único de que jamais devemos nos despedir é o próprio. É ele que nos fortalece em meio aos desafios, que nos acolhe quando ninguém está mais ali, que nos lembra do nosso valor, que ensina que nossos sonhos são possíveis, que nos sustenta nos momentos difíceis, que nos faz continuar após as quedas, que nos sussurra que merecemos muito, apesar de todas as nossas imperfeições. E é ele que dá mais sentido à nossa vida.

<u>É preciso amar-se para curar-se.</u>

E se amar não é se fechar para outras pessoas. É humano e natural querer estar com alguém. Só que necessidade é diferente de dependência. Precisamos uns dos outros, nos fortalecemos na troca de afetos, porém ficamos frágeis se fazemos de alguém a base do amor. Essa base está sempre em nós. É possível (e belo) amar o outro e se permitir ser amado. Só não devemos nos esquecer de nos amar também.

Eu aceito que alguém chegue em minha vida, entretanto não farei mais disso a única possibilidade de eu ser feliz.

É normal se perguntar o que vai acontecer se não encontrarmos alguém para amar. Mas se eu não encontrar tão cedo outra mão que segure a minha, tudo bem. Apenas me comprometo a nunca soltar a minha própria mão. A nunca deixar de me abraçar nas horas sombrias e dizer para mim mesmo que as coisas vão melhorar.

Se eu não encontrar outro alguém que me dê afeto, tudo bem. Ainda assim, olharei no espelho e me lembrarei todos os dias de que sou alguém que merece ser amado, tenha ou não alguém comigo.

Se eu não encontrar outro alguém que me enxergue de verdade e veja o meu valor, tudo bem. Continuarei comprometido a nunca mais fechar os olhos para mim mesmo, a valorizar as minhas virtudes e conquistas, a ver as falhas em que preciso melhorar, a reconhecer as vulnerabilidades que preciso fortalecer, mas sem me diminuir por causa disso.

Se eu não encontrar outro alguém que escolha ficar, tudo bem. Mesmo assim, eu estarei aqui para mim. Vou colar cada pedaço do meu coração partido sempre que a desilusão chegar. Vou me regar de afeto até que a coragem e a autoestima brotem novamente. Vou me pegar no colo e contar boas histórias ao meu respeito. Vou recordar todas as vezes que recebi amor e lembrar que ainda sou muito amado.

Se eu não encontrar alguém que queira caminhar ao meu lado nessa jornada da vida, tudo bem. Nem por isso vou parar; vou continuar dando vida aos meus sonhos, vivendo o que minha alma pede, sendo autêntico e comprometido com a minha verdade. Assim farei dessa vida uma experiência bela e profunda, sabendo que vivi pelo coração. Vou enxergar o amor em cada canto, em cada pessoa e, principalmente, em mim. Vou me lembrar de que toda existência é um ato do amor universal que ganhou forma.

E se acaso eu encontrar alguém que me ame, alguém que me escolha, alguém que queira caminhar comigo, que bom.

Mas nem por isso esquecerei de me amar, nem por isso transformarei o amor em dependência, nem por isso centralizarei a minha vida em outra pessoa, nem por isso darei a ela a função de me fazer feliz, nem por isso vou deixar de lado quem eu sou, aquilo de que gosto e o que me realiza. Pois, para além de qualquer companhia, eu continuarei sendo meu melhor amigo. Continuarei fazendo do amor-próprio a luz que me aquece nessa jornada. Pois agora sei que, de todos os amores, o que eu tenho por mim jamais partirá.

Aprendi em toda essa jornada de afetos, de encontros e de partidas, de amores e ex-amores, que para o amor-próprio nunca se diz adeus!

PALAVRAS FINAIS:
AO SEU DIREITO DE AMAR DE NOVO

Cada nova chance que damos ao amor é um jeito de renascer por dentro. É um recomeço que renova nosso coração e nos dá a oportunidade de recomeçar também. O amor é mais do que alguém, do que eu e do que você. É uma jornada que agrega pessoas que chegam e pessoas que se vão, que diz respeito ao quanto somos fiéis ao que sentimos, que nos revela a importância das conexões em nossa vida, que nos ensina a importância de termos afeto, acima de tudo por nós mesmos, e que nos mostra que, sem isso, a vida perde muito do seu significado. Se é que tem algum quando não há amor.

Eu sei que seu coração já foi muito machucado. Sei que não deve ter sido fácil ver tantas pessoas chegando e partindo da sua vida. Sei que muitas pessoas deixaram resquícios na sua alma. Sei que transformar suas vivências em força emocional exigiu muito de você. Mesmo que saiba que alguns finais e afastamentos são inevitáveis, nunca é simples ter que dizer adeus. Despedidas, muitas vezes, deixam a gente sem chão, nos fazem questionar o nosso próprio valor, colocam em dúvida a nossa crença no amor e nos fazem perguntar: vale a pena amar de novo?

Se acreditarmos que o amor pode ser julgado e definido pelas nossas experiências passadas, talvez não. Se acreditarmos que esse sentimento se limita ao fato de termos encontrado muitas pessoas que, por suas imperfeições, não souberam nos amar direito, não encontraremos razão para isso. Mas o amor é mais. O amor é maior que uma soma de experiências ou um grupo de pessoas que cruzou nosso caminho carregando um amor ainda cheio de feridas. O amor é até mesmo maior do que nós e a nossa ainda imperfeita maneira de amar. O amor é essa força que nos impulsiona, que nos atrai, que nos move e dá um pouco mais de sentido à nossa vida. E mesmo dentro dessas experiências tão diversas e conflitantes, nós o encontramos, e ele nos lembra mais uma vez de seu doce sabor e do porquê de ainda insistirmos em amar de novo, apesar de todas as dores e despedidas.

Cada nova chance que damos ao amor é um jeito de renascer por dentro. É um recomeço que renova nosso coração e nos dá a oportunidade de recomeçar também. O amor é mais do que alguém, do que eu e do que você. É uma jornada que agrega pessoas que chegam e pessoas que se vão, que diz respeito ao quanto somos fiéis ao que sentimos, que nos revela a importância das conexões em nossa vida, que nos ensina a importância de termos afeto, acima de tudo por nós mesmos, e que nos mostra que, sem isso, a vida perde muito do seu significado. Se é que tem algum quando não há amor. Não falo aqui que a vida só tem sentido se a gente estiver em um relacionamento, falo que a vida só tem sentido se a gente tiver a ousadia de amar, e esse amor se veste de muitas formas.

Sei que todos querem um romance como o dos livros, mas nossa vida afetiva está muito mais para uma colcha de retalhos, cheia de costuras e remendos, do que para páginas com linhas bem traçadas. E, acredite, há muita beleza em ser assim.

Despedir-nos das pessoas que amamos não é o mesmo que esquecê-las. Está mais para encontrar um novo lugar para elas dentro de nós. Um lugar que elas não ocupem o espaço principal nem habitem o mesmo ponto que a nossa felicidade. Está mais para compreender que por muito tempo elas estiveram em um lugar central na nossa vida e na nossa memória, e agora precisamos abrir espaço para outras pessoas e experiências ocuparem essa região.

Essas pessoas ainda continuarão conosco. Na terra das vivências, dos aprendizados e das situações que ajudaram a construir quem nós somos e a fortalecer nosso mundo interior. A gente jamais deverá pensar que essas histórias nos definem, nem permitir que o rancor e a mágoa por algumas delas nos envenenem o coração. Elas fazem parte da nossa trajetória.

Nem sempre caminhamos por belas paisagens nessa jornada da vivência afetiva, mas o bom caminhante sabe que alguns caminhos difíceis não determinam o seu destino. Por isso, honre as suas histórias, só não se apegue a elas. Deixe que elas ocupem um lugar no seu passado. Um passado que passou e que, por isso, você precisa deixar ir.

Deixar ir os velhos amores é encontrar uma nova forma de amá-los com a doce tranquilidade de quem deixou o coração em paz com o ontem.

Espero que nestas cartas você tenha encontrado as palavras que nunca disse, que tenha se acertado um pouco com histórias que estavam mal resolvidas dentro de você, que tenha aprendido que dizer adeus não é, necessariamente, triste ou ruim, mas que pode ser profundamente transformador; que pode ser a cura para o seu coração.

E, mais que tudo, espero que tenha despertado em você a força para nunca deixar que algumas histórias do passado roubem a sua coragem para amar de novo. Porque eu sei que o amor ainda chegará de novo em sua vida (que talvez já tenha chegado), e você merece vivê-lo em plenitude. E só vive relações novas (e mais saudáveis) quem aprendeu a se despedir das relações antigas. Por isso, sempre que for preciso, mergulhe sem medo dentro de si mesmo, para se despedir de tudo e de todos que não precisam mais estar em sua vida.

Que você esteja de coração aberto ao novo.

No horizonte dos novos amores, vivências inéditas sorriem, esperando por você.

Um último beijo aos velhos amores. Eles se vão. Mas o amor... o amor continua aqui!

Com todo o amor do mundo,
Alexandro.

MÚSICAS E OBRAS CITADAS NO LIVRO

"De quem é a culpa?" Interpretada por Marília Mendonça. Escrita por Juliano Tchula e Marília Mendonça. Fonte: Som Livre.

GILBERT, Elizabeth. *Comer, rezar, amar*: a busca de uma mulher por todas as coisas da vida na Itália, na Índia e na Indonésia. Trad. Fernanda Abreu. São Paulo: Objetiva, 2016.

"Monalisa." Interpretada por Jorge Vercillo. Escrita por Jorge Vercillo. Produzida por Paulo Calasans e Jorge Vercillo. Fonte: EMI Brazil.

SARTRE, Jean-Paul. *Saint Genet*: ator e mártir. Trad. Lucy Magalhães. Petrópolis: Vozes, 2002.

AGRADECIMENTOS

Cada livro que se escreve é um processo, que carrega pessoas, histórias e propósitos que o tornaram possível. Um autor traduz parte da sua alma em palavras, na qual traz aqueles que fazem parte de sua própria história. Por isso, quero agradecer muito a meus queridos editores Felipe Brandão, Fernanda Simões Lopes e Bernardo Machado, que abraçaram a ideia deste livro com tanto carinho e que acreditaram que ele poderia ajudar a transformar de alguma forma os corações que dele precisam, bem como a toda equipe da Editora Planeta, que transformou este livro em pura arte e me fez me apaixonar ainda mais por ele. Agradeço sempre a Letícia Teófilo, tão especial na minha vida e que sempre acreditou em minha escrita desde o começo. Meu muito obrigado também a Fred Mattos e Victor Fernandes, pelas impressões e pelos comentários tão carinhosos em relação a esta obra.

Deixo minha gratidão sem medidas a Luci Wrubleski, a primeira a saber e a chorar com este livro, antes mesmo de ele se fazer em palavras e cujo carinho me motivou a escrevê-lo. A Francisca Loana de Lima, minha amiga que conhece bem estas histórias de amor, ou de ex-amores, e que está comigo em cada passo do caminho. A Eliza Doline, cuja amizade e confiança não conhecem obstáculos. A Bruno Tomal, que acreditou na força e na necessidade deste livro quando ele era apenas uma ideia. E, ainda, a Felipe Pasian, Luis Gustavo Martins, Natielly Gruber, Vanessa Preslak, Caio Costa, Lígia Guerra, Juliane Lotek, Rosilene Presznhuk, Tere Marszal, Helena Luczynski e Maria Helena Diesel, amizades tão especiais que me ouvem, me ensinam e me impulsionam.

A minhas queridas e eternas professoras, Terezinha Golênia, Milene Marczal, Elisangela Bankersen e Wanda Bornholdt, cuja força e inspiração continuam movendo o meu trabalho. E sempre minha gratidão à minha família e à minha mãe, Anita Mihalski Gruber, que acreditou em meus livros desde o princípio.

Para finalizar, agradeço aos meus queridos leitores, que dão sentido a esse trabalho, que me trazem suas histórias, que me falam do impacto de minha escrita em suas almas e que me fazem acreditar sempre que as palavras podem curar. Este livro é para vocês!

Acreditamos nos livros

Este livro foi composto em Ibarra Real Nova, Albert Sans e Pauline Script e impresso pela Gráfica Santa Marta para a Editora Planeta do Brasil em agosto de 2024.